信任

对中国企业出口影响的实证研究

Empirical Study on the Impact of Trust on Chinese Enterprises Export

曾燕萍 著

图书在版编目（CIP）数据

信任对中国企业出口影响的实证研究／曾燕萍著．—北京：经济管理出版社，2019.7
ISBN 978-7-5096-6525-1

Ⅰ.①信⋯ Ⅱ.①曾⋯ Ⅲ.①社会关系—影响—企业—管理—出口贸易—研究—中国 Ⅳ.①F752.62

中国版本图书馆 CIP 数据核字（2019）第 068502 号

组稿编辑：任爱清
责任编辑：任爱清
责任印制：梁植睿
责任校对：王淑卿

出版发行：经济管理出版社
（北京市海淀区北蜂窝 8 号中雅大厦 A 座 11 层　100038）

网　　址：www.E-mp.com.cn
电　　话：（010）51915602
印　　刷：北京玺诚印务有限公司
经　　销：新华书店
开　　本：720mm×1000mm/16
印　　张：11.75
字　　数：170 千字
版　　次：2019 年 8 月第 1 版　2019 年 8 月第 1 次印刷
书　　号：ISBN 978-7-5096-6525-1
定　　价：68.00 元

・版权所有　翻印必究・

凡购本社图书，如有印装错误，由本社读者服务部负责调换。
联系地址：北京阜外月坛北小街 2 号
电话：（010）68022974　邮编：100836

前　言

　　信任是在存在不确定因素和相互依赖的条件下，愿意承担利益损失风险而选择相信对方会采取积极有利行为的信心程度。在开放经济条件下，从宏观上来讲，良好的信任能够消除世界各国间存在的误解、矛盾和冲突，加强和紧密国家间经贸关系，创造更多的合作机会；从微观上来讲，较高的信任能够有效降低进出口企业的搜寻成本、缔约成本、争端解决成本等国际贸易过程中涉及的各类成本，减少双方面临的不确定因素，提高企业经营效益和国际竞争力。当前，国际经济形势和格局正处于大变革、大调整时期，反全球化潮流汹涌，贸易保护主义持续增强，贸易摩擦增多，贸易保护措施接踵而来，使不信任情绪日益加重；中国出口企业还同时面临劳动力等要素成本上升、资源环境约束加大、人民币升值压力加剧、外贸优惠政策收紧等诸多问题导致的贸易成本不断增加的挑战。在此背景下，信任成为中国深化对外开放、加速推进贸易自由化、促进出口贸易持续增长的关键因素之一。那么，信任能否对中国出口贸易发展产生实质性的影响？本书通过探讨中国省份信任水平对中国企业出口行为选择的影响、中国与贸易伙伴国间的信任水平是否以及在多大程度上影响中国企业到对应国家的双边出口贸易进行了探讨和解答。

　　不同于以往大部分文献，本书尝试在 Melitz（2003）异质性企业贸易模型基础上，将信任作为出口固定交易成本的一部分引入模型中，在考察信任相关成本降低时，企业决定生产和进入出口市场的临界生产率如何变化，进而影响企业出口行为选择和出口贸易发展，并在此基础上,从中国信任水平如何影响中国企业出口行为选择和中国与贸易伙伴国间信任水平如何影响中国企业出口贸易发展两个维度进行实证研究。

信任影响企业出口的一个主要途径是降低贸易交易成本。因此,本书基于异质性企业贸易理论的框架,分析开放经济的条件下,当信任水平提高时,企业出口的交易成本降低,企业进行生产的临界生产率提高,进入出口市场的临界生产率降低,导致经济市场上存续企业的整体生产率增加,且企业从事出口贸易的"门槛"降低,更多的企业选择进入出口市场,出口贸易额增加,进而促进出口贸易增长。

从理论上来说,信任能够影响企业选择进入出口市场的行为和出口贸易规模。那么,国内不同省份的信任水平能否影响中国企业出口行为选择?本书利用中国综合社会调查数据测算28个省份的信任水平,并将此与中国工业企业数据匹配形成两期面板数据,利用Probit模型、Heckman两阶段自选择模型对此进行了实证检验。发现中国省级层面的信任水平提高了中国企业选择从事出口的概率,且对不同性质企业和不同地区企业出口行为决策的影响存在差异。中国省级层面的信任水平每提高1单位,中国企业选择出口的概率就提高0.070单位;其中,国有企业、私营企业以及东部地区企业选择出口的概率增加,外资企业和中西部地区企业选择出口的概率未发生明显变化。

中国与贸易伙伴国间的信任水平又是否以及在多大程度上影响中国企业到对应国家的出口规模?对不同类型产品出口的影响有何区别?对出口增长扩展边际和集约边际的影响是否存在差异?本书匹配中国工业企业数据和海关贸易数据,对接获得出口企业、出口产品、出口目的国信息,并以中国与41个贸易伙伴国间的加权遗传距离作为国家间信任水平的代理变量并对此进行了实证。回归结果表明,中国与贸易伙伴国间信任水平对中国企业到对应国家的出口贸易额存在促进作用。中国与贸易伙伴国间信任水平每提高1单位,中国企业到对应国家的出口贸易额均值就增加0.061单位,且对私营企业和外资企业出口、一般贸易出口、出口目的国为美洲国家的出口以及高差异化产品出口的影响更为明显；此外，中国与贸易伙伴国间信任水平对中国企业到对应国家的出口增长二元边际均存在显著的正向作用，且对扩展边际的影响更为明显。

良好的信任环境和信任关系需要政府、企业、个人的共同参与和维护。国家层面的制度及法律体系的完善、企业对商业合作伙伴差异的深入了解及尊重、个体间的良好互动及自身可信度的提高有助于提升中国信任水平及中国与贸易伙伴国间信任水平，进而促进企业出口贸易发展。

目 录

第一章 导 论

第一节 选题背景及意义 …………………………………………… 001
  一、选题背景 …………………………………………………… 001
  二、研究意义 …………………………………………………… 003
第二节 国内外研究现状及评述 …………………………………… 005
  一、信任的界定 ………………………………………………… 005
  二、信任水平的测度 …………………………………………… 007
  三、信任水平的影响因素 ……………………………………… 009
  四、信任对国际贸易的影响 …………………………………… 013
  五、文献评述 …………………………………………………… 015
第三节 研究内容及主要方法 ……………………………………… 016
  一、研究内容 …………………………………………………… 016
  二、研究方法 …………………………………………………… 018
第四节 主要创新及不足 …………………………………………… 019
  一、主要创新 …………………………………………………… 019
  二、本书不足 …………………………………………………… 020

第二章 信任的界定及中国信任水平测度

第一节 信任的概念及产生 ………………………………………… 023
  一、经济学框架下信任的界定 ………………………………… 023

二、信任产生的基本条件⋯⋯⋯⋯⋯⋯⋯⋯⋯⋯⋯⋯⋯⋯⋯⋯⋯⋯024

第二节　信任的内涵⋯⋯⋯⋯⋯⋯⋯⋯⋯⋯⋯⋯⋯⋯⋯⋯⋯⋯⋯⋯026

一、信任、信用与可信度⋯⋯⋯⋯⋯⋯⋯⋯⋯⋯⋯⋯⋯⋯⋯⋯⋯026

二、信任与社会资本⋯⋯⋯⋯⋯⋯⋯⋯⋯⋯⋯⋯⋯⋯⋯⋯⋯⋯⋯026

三、信任与正式制度⋯⋯⋯⋯⋯⋯⋯⋯⋯⋯⋯⋯⋯⋯⋯⋯⋯⋯⋯027

四、信任与合作⋯⋯⋯⋯⋯⋯⋯⋯⋯⋯⋯⋯⋯⋯⋯⋯⋯⋯⋯⋯⋯027

第三节　信任的分类⋯⋯⋯⋯⋯⋯⋯⋯⋯⋯⋯⋯⋯⋯⋯⋯⋯⋯⋯⋯028

一、一般化信任与个体化信任⋯⋯⋯⋯⋯⋯⋯⋯⋯⋯⋯⋯⋯⋯⋯028

二、策略型信任、身份型信任与道德信任⋯⋯⋯⋯⋯⋯⋯⋯⋯⋯029

三、信任的其他分类⋯⋯⋯⋯⋯⋯⋯⋯⋯⋯⋯⋯⋯⋯⋯⋯⋯⋯⋯030

第四节　中国信任水平的测度⋯⋯⋯⋯⋯⋯⋯⋯⋯⋯⋯⋯⋯⋯⋯⋯031

一、本书信任水平测度的方法⋯⋯⋯⋯⋯⋯⋯⋯⋯⋯⋯⋯⋯⋯⋯031

二、中国信任水平总体概况及其发展变化⋯⋯⋯⋯⋯⋯⋯⋯⋯⋯033

第五节　本章小结⋯⋯⋯⋯⋯⋯⋯⋯⋯⋯⋯⋯⋯⋯⋯⋯⋯⋯⋯⋯⋯043

第三章　信任影响企业出口的理论框架

第一节　基本假设⋯⋯⋯⋯⋯⋯⋯⋯⋯⋯⋯⋯⋯⋯⋯⋯⋯⋯⋯⋯⋯045

第二节　模型构建⋯⋯⋯⋯⋯⋯⋯⋯⋯⋯⋯⋯⋯⋯⋯⋯⋯⋯⋯⋯⋯046

一、消费者⋯⋯⋯⋯⋯⋯⋯⋯⋯⋯⋯⋯⋯⋯⋯⋯⋯⋯⋯⋯⋯⋯⋯046

二、生产者⋯⋯⋯⋯⋯⋯⋯⋯⋯⋯⋯⋯⋯⋯⋯⋯⋯⋯⋯⋯⋯⋯⋯047

三、总的生产集合⋯⋯⋯⋯⋯⋯⋯⋯⋯⋯⋯⋯⋯⋯⋯⋯⋯⋯⋯⋯048

四、企业的进入、退出⋯⋯⋯⋯⋯⋯⋯⋯⋯⋯⋯⋯⋯⋯⋯⋯⋯⋯049

第三节　封闭经济条件下的均衡⋯⋯⋯⋯⋯⋯⋯⋯⋯⋯⋯⋯⋯⋯⋯050

一、均衡的条件⋯⋯⋯⋯⋯⋯⋯⋯⋯⋯⋯⋯⋯⋯⋯⋯⋯⋯⋯⋯⋯050

二、均衡的分析⋯⋯⋯⋯⋯⋯⋯⋯⋯⋯⋯⋯⋯⋯⋯⋯⋯⋯⋯⋯⋯051

三、比较静态分析⋯⋯⋯⋯⋯⋯⋯⋯⋯⋯⋯⋯⋯⋯⋯⋯⋯⋯⋯⋯051

第四节	开放经济条件下的均衡	052
	一、开放条件下的基本假定	052
	二、开放条件下的市场均衡	053
	三、企业进入、退出和出口选择	054
	四、开放条件下的均衡条件	056
	五、信任成本降低时的比较静态分析	056
第五节	本章小结	058

第四章 信任对中国企业出口行为选择的影响
——基于省级信任水平的视角

第一节	中国省级信任水平的测度	059
第二节	数据及变量说明	062
	一、数据说明	062
	二、变量说明	063
第三节	实证结果及分析	069
	一、基于 Probit 模型的回归	069
	二、基于 Heckman 选择模型的回归	074
	三、稳健性检验	086
第四节	本章小结	089

第五章 信任对中国企业出口及其二元边际的影响
——基于国家间信任水平的视角

第一节	国家间信任水平的测度	091
	一、国家间信任水平的测算方法	091
	二、遗传距离的测度	094

第二节　信任对企业出口规模的影响……………………097
　　一、模型构建……………………………………………097
　　二、数据匹配及变量说明………………………………098
　　三、实证结果及分析……………………………………107
　　四、内生性问题…………………………………………123
第三节　信任对中国企业出口二元边际的影响…………124
　　一、中国企业出口的二元边际分解……………………124
　　二、信任对中国企业出口二元边际影响的实证………129
第四节　本章小结……………………………………………132

第六章　主要结论及对策建议

第一节　主要结论……………………………………………135
第二节　对策建议……………………………………………138
　　一、政府角度……………………………………………139
　　二、企业角度……………………………………………141
　　三、个人角度……………………………………………144

附　录……………………………………………………………146

参考文献…………………………………………………………157

后　记……………………………………………………………174

第一章

导 论

良好的信任能够消除各国间存在的误解、矛盾和冲突，加强和紧密国家间经贸关系，为进出口贸易双方创造更多的合作机会，有效降低国际贸易过程中的搜寻成本、缔约成本和争端解决成本。当前，国际经济形势和格局正处于大变革、大调整时期，国家间的不信任情绪日益加重；与此同时，中国出口贸易发展还面临贸易成本明显增加的挑战。因此，信任关系着中国深化对外开放、加速推进贸易自由化的成败，关系着中国出口贸易发展的持续增长。在此背景下，厘清信任与国际贸易的关联、探讨信任是否对中国出口贸易发展产生影响等相关问题十分必要。

第一节 选题背景及意义

一、选题背景

自 2001 年加入世界贸易组织以来，中国对外贸易发展在世界经济全球化不断加深和各国普遍相互信任并推行贸易自由化的趋势中取得了巨大成就。2001~2008 年，中国对外贸易平均增长率高达 20%，远远高于同期国内生产总值及世界贸易增长率，货物贸易进出口总额由 2001 年的 5097 亿美元增长到 2008 年的 25632.6 亿美元，贸易顺差由 223 亿美元提高到 2981.2 亿美元，增加了 10 倍之多。然而，2008 年金融危机使世界各国经济受到重创，并出现不同程度的衰退现象，进而导致部分发达国家对自由贸易、对新兴市场国家的不信任，反对全球化潮流汹涌、贸易保护主义持续增强、贸易摩擦增多、贸易保护措施接踵而来，使不信任情绪日益加重。例如，2016 年，英国"脱欧"的背后在很大程度上凸显了英国对欧盟的不信任、民众间普遍对英国政府的不信任；美国新任总统特朗普上台之后大力反对全球化，提倡贸易保护主义，表现出对自由贸易、对中国的不信任。

一方面，在此背景下，中国对外贸易发展增速明显放缓，2015 年中国进出口总额同比下降 7%，出现 2009 年以来的首次负增长。当前，"信任、合作和自由贸易"已成为中国在大力实施自由贸易区战略、推进"一带一路"建设、促进出口贸易持续增长等深化对外开放进程中的关键主题之一。在开放经济条件下，良好的信任能够消除各国间存在的误解、矛盾和冲突，能够加强和紧密国家间经贸关系，创造更多的合作机会。在当前国际经济形势和格局正处于大变革、大调整的时期，信任关系着中国深化对外开放、实现与各国共享发展机遇目标的成败，关系到中国积极构建全球治理新体系和新型国际关系、共同打造人类命运共同体的理念能否得到国际社会的广泛认可。

另一方面，中国出口贸易发展所处的国际环境愈加复杂和严峻，国内更面临劳动力等要素成本上升、资源环境约束加大、人民币升值压力加剧、外贸优惠政策收紧等诸多问题导致贸易成本不断增加的挑战。在中国出口产品质量品牌优势尚未完全形成的情况下，中国出口企业能否继续在国际市场上保持竞争力和出口优势，在很大程度上取决于能否找到其他的成本优势。而较高的信任水平不仅为来自不同国家和文化背景下的进出口商创造更多的合作机会，同时还能够有效地降低进出口企业的搜寻成本、缔约成本、争端解决成本等国际贸易过程中涉及的各类成本，从而提高企业经营效益和国际竞争力，促进企业出口持续增长。

那么，信任能否对中国出口贸易发展产生实质性的影响？信任如何影响企业出口？本书尝试解释了信任通过降低交易成本影响企业出口的作用机制，并分别实证检验中国省份信任水平对中国企业出口行为选择的影响，以及中国与贸易伙伴国间信任水平对中国企业出口到对应国家的双边贸易的影响，以此进行解答。

二、研究意义

目前，有关信任与企业出口贸易的研究主要使用跨国数据，从宏观层面探讨信任对一国出口贸易总额的影响，很少有从微观企业层面分析信任对企业出口贸易增长的影响，且忽略信任对企业出口行为选择影响，缺少对信任影响企业出口作用机制的探讨等。针对信任与企业出口贸易相关研究的不足，本书研究的具体意义主要体现在：

1. 深入探讨信任在中国出口贸易发展中的重要作用

自改革开放以来，中国对外贸易发展取得举世瞩目的成就，其成功经验和影响因素探讨也得到学界的普遍关注。但是，已有研究主要从物质资本、人力资本等经济层面研究中国企业出口贸易发展的影响因素，而忽略信任这一社会资本在促进中国企业出口贸易发展中的重要作用。在经济全球化不断发展的背景下，信任能够消除各国间可能存在的误解、矛盾和冲突，加强和紧密国家间经贸往来，创造更多的合作机会；能够有效降低出口贸易过程中涉及的各类交易成本，减少进出口企业面临的不确定因素，进而促进对外贸易发展。那么，信任水平的高低是否对中国企业出口贸易发展产生实质性的作用？本书基于中国工业企业出口的微观数据对此进行了解答，从理论和实证角度分析了信任对中国企业出口贸易的影响。本书的研究是对关于信任与国际贸易已有文献的丰富和补充，也为学界从信任及其他文化或制度因素研究出口贸易发展影响因素的问题提供了新的思路，具有重要的学术价值。

2. 从理论层面探讨了信任影响企业出口的作用机制

信任在出口贸易发展过程中发挥重要作用的结论已获得学界的广泛

关注，但已有文献主要实证检验信任是否以及多大程度上影响出口贸易，缺乏对信任影响企业出口贸易理论机制的探讨。信任影响出口贸易发展的一个主要途径是降低贸易交易成本，为此，本书在 Melitz（2003）异质性企业贸易模型的基础上，将信任作为出口固定交易成本的一部分引入模型，构建了一个信任通过降低交易成本进而影响企业出口的理论框架，分析在开放经济条件下，当信任水平提高时，出口交易成本降低，企业决定生产和进入出口市场的临界生产率如何变化，从而考察信任如何通过降低交易成本影响企业出口行为决策和出口贸易发展。本书的研究为信任影响企业出口的作用机制提供了一个理论基础，具有一定的理论意义。

3. 区分中国信任水平和中国与贸易伙伴国间信任水平

为探讨信任影响出口贸易发展提供了更为全面的实证依据。信任是一种复杂的社会和心理现象，涉及不同层面和多个维度，且不同维度的信任对出口贸易发展的影响存在差异。国内信任水平是一国非正式制度和社会资本的重要体现，国内信任水平的高低在很大程度上反映一国经济社会的运行效率，进而影响企业生产和出口行为决策；贸易伙伴国间信任水平则有助于为来自不同国家和文化背景下的进出口商带来更多的合作机会，降低出口贸易过程中的各类交易成本，减少可能存在的误解、矛盾、冲突和贸易摩擦，进而促进出口贸易发展。但是，现有国内研究主要从单一角度探讨出口国信任水平或出口目的国信任水平与出口贸易的关系，忽略了贸易伙伴国间信任水平对两国间贸易的影响。本书区分了中国信任水平和中国与贸易伙伴国间信任水平，实证检验国内信任水平对中国企业出口行为选择的影响，以及中国与贸易伙伴国间信任水平对双边出口贸易发展以及出口增长扩展边际和集约边际的影响，以全面考察信任是否对中国企业出口贸易发展产生实质性的作用，进而给出通过提升信任水平促进出口贸易持续增长的建议思路，具有重要的现实意义。

第二节 国内外研究现状及评述

国内外有关信任的文献已较为丰富，对信任影响国际贸易发展的探讨也开始得到学者的关注。根据现有研究，本书主要从信任的界定、信任水平的测度、信任水平的影响因素、信任对国际贸易的影响四个方面梳理相关文献。

一、信任的界定

信任是什么？根据《现代汉语词典》，信任存在多种含义，通常的理解主要有"相信而敢于托付"和"相信并加以任用"；根据《牛津英语词典》对信任（Trust）的定义，信任是指对他人或事物某些品质和属性的信心或信赖程度，并强调信任随着参考个体的不同而会发生变化（Confidence in or Reliance on Some Quality or Attribute of a Person or Thing, Highlighting the Fact That the Referent of Trust May Vary）；根据《芬克与瓦格纳尔标准大学词典》[①]的解释，信任被定义为"对他人正直、真实性和正义的可靠性信赖"（A Confident Reliance on the Integrity, Veracity, and Justice of Another）。

在学术研究中，由于信任概念的社会性和抽象性，信任在社会学、心理学、管理学、经济学等不同学科中的界定存在差异，目前仍没有形成一个明确统一的定义（Guiso et al., 2009）。实际上，总结出一个统一的信任界定对各学科学者展开信任相关研究的作用并不大，没有简单的一幅图、一个模型或者一个故事能够表述清楚信任的概念，因此，可以从多角度理解和讨论信任（Khan, 2002）。Deutsch（1958）较早关注了信任的基本概念及其影响因素，认为信任包含认知与动机两方面，且

---

① New International Dictionary of the English Language (Funk and Wagnall, 1995).

预期（Expectation）和可预测性（Predictability）是信任产生的重要因素。此后，不同领域学者从心理学、社会学、管理学、市场营销学、经济学等视角探讨了信任的基本界定。

从心理学角度来看，Moorman 等（1992）尝试将信任界定为对交易对方有信心且对其信任的意愿程度（A Willingness to Rely on an Exchange Partner in Whom One Has Confidence）。基于这一定义，可以从两个方面理解信任：第一，将信任理解为根据交易对象的专业性、可靠性和目的性而对其可信任度的信心和期望（Anderson and Weitz, 1992）；第二，信任被看作是反映个体对他人信赖的行为倾向，其中涉及信任者的脆弱性（Vulnerability）和不确定性（Coleman, 1993）。类似地，Sabel（1993）则将信任定义为"相信交易双方均不会利用对方脆弱性的信心"。从心理学角度理解信任的学者认为，信心和行为倾向（意愿）是信任存在的重要组成部分。一方面，如果个体相信他人是可信赖的但是没有依赖该人的意愿，在这种情况下，信任的产生非常有限；另一方面，强烈依赖于他人却不认为该人是可信赖的，这种情况往往说明权力或控制的产生多于信任。据此，Mayer 等（1995）认为，信任是在没有可靠的合约及其执行的情况下，信任者愿意让其他被信任者采取可能影响自身福利行动的意愿；Rousseau 等（1998）在综合考虑脆弱性、信心、行为倾向的基础上，提出信任是一种由于对他人意图和行为的正面期望而愿意接受处于易受损失状态所构成的心理状态。这个定义包含了对各种有利行为的期望，且没有区分这种态度是自利的还是基于关系的（Saparito et al., 2004），因此，这一界定常用于研究组织间的复杂关系。

从社会学角度来看，Fukuyama（1995）、Dasgupta（2000）指出，信任是个人对所处同一群体中的其他人能够做出合作行动的共同预期。从管理学角度，Zak 和 Knack（2001）认为，信任是组织可以用于生产的无形资源，以替代监督或协调员工行为，这一界定类似于组织行为中合作的程度。从市场营销学角度，Moorman 等（1992）将信任界定为

"相信交易伙伴的意愿程度",并且认为信任应该包括信念层面及行为层面的倾向。因此,如果一方相信交易一方是值得信任的,但缺乏信任交易另一方的意愿,在这种情况下,信任的建立相对有限。

从我们所关注的经济学角度来看,信任是一方评估另一方或某一群体做出某一特定行为的主观概率(Glaeser et al., 2000);Fafchamps (2004)则综合考虑了其他学科对信任的理解及信任产生的基本条件,认为信任是在存在不确定性的情况下,对其他经济行为者合作行动的乐观预期。根据产生机制的不同,Durlauf 和 Fafchamps (2005) 将信任划分为一般化信任(Generalized Trust)[①]和个体化信任(Personalized Trust)。其中,一般化信任是特定社会群体中的个体对陌生人或社会上大多数人的信任,不需要通过多次交流和时间积累而产生,因而也被认为是"知情前信任"(Poorly-informed Prior Beliefs);个性化信任产生于反复多次的交往过程中,是"后期的知情信任"(Well-informed Posterior Beliefs)。

综合来看,目前一个被广泛接受的对信任的界定是:在存在风险和相互依赖的条件下,愿意接受风险的一种心理状态,由基于对他人积极的预期或行为而产生的意向组成。信任不是一种行为(如合作),也不是一种选择(如敢于冒险),而是一种引起或产生于这些行为中的心理状态(Hurley, 2006)。

二、信任水平的测度

现有研究主要使用两类方法测度信任水平。一是基于社会调查问卷方法的测算。这种测度方法主要基于一般性社会调查数据库(General Social Survey, GSS)、欧洲社会调查数据库(European Social Survey, ESS)、世界价值观调查数据库(World Value Survey, WVS)等,利用这些调查问卷中有关信任的问答"总体来说,您认为大多数人是可以信

---

① 也有国内学者将此称为普遍信任或社会信任(李涛等,2008;黄健、邓燕华,2012)。

任的还是在与人交往时应当十分谨慎"（Generally Speaking, Would You Say That Most People Can be Trusted or That You Can't be Too Careful in Dealing with People?）来测度不同国家的信任水平。例如，一般性社会调查数据库和世界价值观调查数据库中有关信任问题的答案选项是"大多数人都是可以信任的"（Most People Can be Trusted）和"与人打交道再小心也不为过"（You Cant be Too Careful in Dealing with People），Knack 和 Keefer（1997）最早利用选择回答"大多数人都是可以信任的"受访者人数占所有受访者人数的比例计算得到相应的信任水平。

基于这类社会调查问卷，Knack 和 Keefer（1997）、Zak 和 Knack（2001）利用世界价值观数据研究了信任水平与经济增长之间的关系；Lederman 等（2002）利用世界价值观数据研究了信任水平与犯罪率间的关系；张维迎和柯荣柱（2002）利用社会调查问卷的方法向全国15000 多家企业发放调查问卷，借鉴世界价值观调查的问卷内容，通过询问"根据您的经验，您认为哪五个地区的企业比较守信用"对中国31 个省、区、市的信任水平进行了测度；Butler 等（2009）利用 2002~2010 年欧洲社会调查数据分析了信任水平与个人收入之间的关系；Dincer 和 Uslaner（2010）利用一般性社会调查数据探讨了信任水平与美国各州经济增长的关系。综合看来，现有实证研究对信任水平的测算主要基于社会调查中关于"总体来说，您认为大多数人是可以信任或者在与人交往时应当十分谨慎"这一问题的回答。

利用社会调查问卷方法测度信任水平也存在诸多问题：

（1）测度信任水平的问题比较抽象，难以理解和量化，例如，"Most People""People in General"具体标准是多少（Beugelsdijk, 2006）。

（2）受访者在回答这一问题时，并不清楚问题中"Trust"的具体对象是谁、在何种情况下；此外，受访者在接受调查时的某一情绪也可能导致回答的不准确（Uslaner, 2008）。

（3）这一方法测度出来的主要是一般化信任水平，而无法测算个体化信任水平（Durlauf and Fafchamps, 2004）。

测度信任水平的第二种方法是利用实验经济学方法，尤其是利用信任博弈实验对信任水平进行测量。Berg 等（1995）采用一次性信任博弈的实验方法测量了个体间的信任水平，认为当委托人投资越多时，意味着委托人对对方就越信任，两者信任水平就越高。Glaeser 等（2000）利用 258 名哈佛本科生作为测试对象，在考虑个体态度、背景特征、社会关联等条件的情况下，测量了个体间和特定情境下的信任水平。Camerer（2003）结合金钱激励测度匿名个人之间进行交换产生的信任水平，实验中，作者设计了一套系统的问答以衡量信任水平。陈叶烽等（2010）利用信任博弈实验方法对个体的信任水平进行了测度。

部分学者则尝试对比利用上述两种方法测度出的信任水平。Glaeser 等（2000）对比了利用一般性社会调查数据和信任博弈实验测算出的信任水平，发现信任博弈实验所得出的信任水平与基于一般性调查数据库所测结果并没有显著关联。Cox（2004）在 Glaeser 等（2000）研究的基础上，改进了信任博弈实验方法，降低了可能存在的"社会距离"和"利他偏好"，结果发现两种方法测算出的信任水平在部分样本中显著相关，并提出信任博弈实验方法必须要控制其他可能影响委托人和代理人之间互惠偏好的其他因素。

综合来看，尽管基于社会调查问卷测算信任水平的方法存在一定的问题，但由于信任博弈实验较难实行，获得的数据也有限，现有实证研究多数利用社会调查问卷方法测算信任水平。

三、信任水平的影响因素

信任普遍存在经济社会运行中，是一种复杂的社会和心理现象（刘凤委等，2009），因此，社会因素、所处社区因素、个人因素均有可能影响信任水平的高低。

1. 社会因素

影响信任水平的社会因素主要是指信任产生所在的总体社会环境，

包括特定群体社会的制度体系、宗教信仰、居民收入差距等因素。

特定群体的制度体系为信任的产生提供了基本环境，是信任水平的重要影响因素。Bjornskov（2006）研究发现，君主制国家的信任水平一般高于后共产主义社会的信任水平。Tabellini（2008）通过构建模型分析指出，信任存在于文化规范与国内制度之间，个人从父母一辈继承合作的文化规范，据此做出决定国内制度和信任水平的政治决策。当出现对合作内部规范的负面冲击时，不仅下一代的信任水平会降低，而且他们将选择执行力较低的社会制度环境，进而导致未来各代的信任水平更低。即糟糕的社会制度带来不良行为和较低的信任水平；反过来，低信任水平进一步恶化社会制度环境。针对中国信任水平的影响因素，汪汇等（2009）利用2006~2007年上海市居民抽样入户调查数据研究发现，中国特有的户籍制度对信任水平存在显著影响：没有本地户籍的居民，更加不信任邻居和陌生人，对政府的信任水平也更低；且这一负面影响不会随着非本地户籍人口收入和教育水平的提高而减少或消失。Aghion等（2011）指出，制度与信任不是独立存在的因素：一方面，制度能够影响信任建立的过程；另一方面，信任影响制度发展，并消除冲突。Acemoglu和Robinson（2012）认为，将制度向更包容的方向改革将有助于建立种族间的信任与贸易发展。

在宗教信仰方面，La Porta等（1997）、Berggren和Jordahl（2006）研究发现，一国具有等级越森严的宗教，信任水平越低（如天主教、东正教、基督教、穆斯林）；Zak和Knack（2001）也发现，天主教和穆斯林导致更低的信任水平，而耶稣新教的信任水平更高；Uslaner（2002）研究发现，新教对信任水平存在正向作用。Boudon（1987）、Collins（2004）认为，宗教能够提高社区信任水平。Sosis（2005）阐述了宗教学家Durkheim（1959）、Rappaport（1977）、Turner（1987）、Weber（1997）等的观点，认为宗教促进了宗教信徒间的内部信任水平，进而影响群体的信任水平。

居民收入差距也是影响信任水平高低的主要因素。Putnam（1993）

研究发现，在美国，最穷的阶层比最富的阶层信任水平要低得多；在控制了收入水平后，发现非洲裔美国人是美国信任水平最低的人群。他认为信任是对过去生活经验的一种总结，从微观上来看，社会分割下被歧视的群体、在美国的低收入阶层和黑人，其信任水平通常较低。Knack 和 Keefer（1997）、Leigh（2006）发现社会分割会降低信任水平。从宏观上来看，社会分割越严重、收入越不平等和种族异质性越大的国家，信任水平就越低。Bjørnskov（2007）利用跨国数据分析了一国信任水平的影响因素，研究发现收入不平等导致的社会两极分化及种族多样化降低信任水平。

部分学者还发现一国的社会多样性或基因多样性降低信任水平。Stolle（2002）、Freitag 和 Bühlmann（2009）研究发现，更高的社会多样性降低社会凝聚力，进而降低信任水平。Zelmer（2003）研究发现，越大的国家往往具有更高的文化及种族多样性，国家信任水平越低；而越小的社区团体之间的信任水平一般越高。Ashraf 和 Galor（2013）也发现一国内部的基因多样性与信任水平负相关。

2. 社区因素

在社区因素中，社区的客观特点和个人对社区群体的主观看法是影响信任水平的主要因素，包括社区整体环境、社区居民间共性程度等。

针对社区客观特点，Alesina 和 Ferrara（2000）认为，居民所处社区特点决定着人们如何信任他人，并利用 1974~1994 年针对美国当地居民的一般性社会调查数据分析了信任水平的影响因素。研究发现，居住在种族混合的社区或者收入差距很大的社区等对信任水平产生负面影响。Alesina 和 Ferrara（2002）进一步研究发现，属于一个长期在社会上受到歧视的群体（如黑人、女性），或居住在一个种族混杂、收入不均等的社区内，会显著降低信任水平。也就是说，社会分割所带来的对某一群体的歧视会降低该群体的信任水平。李涛等（2008）利用 2004 年广东省城市居民调查数据实证分析了居民信任水平的影响因素。发现社区因素显著影响了居民自身的信任水平。

社区居民共性程度越高，信任水平也越高。Cavalli Sforza 等（1994）探讨了遗传距离对群体信任水平的影响，发现同一社区的居民更倾向于信任与其基因更相近的人。遗传距离每增加1单位，群体信任水平降低6%。McPherson 等（2001）发现，具有相似文化背景或相似外貌特征的居民之间更信任彼此。DeBruine（2002）、González-José 等（2004）研究发现，人们更倾向于喜欢并愿意相信跟他们长得相似的人，认为体貌特征越相似，信任水平越高。

3. 个人因素

个人是信任产生的基本主体，个人自身的客观特点（性别、年龄、健康状况等）、过去经历、接受的教育等均是影响信任水平的个人因素。

针对个人自身客观特点，学者发现老年人的信任水平一般高于青少年。Putnam（1993）认为，美国青少年的信任水平明显低于当地老年居民；Glaeser 等（2000）、Alesina 和 Ferrara（2000）也证实了老年人的信任水平一般更高；Berggren 和 Jordahl（2006）则利用15～64岁年龄之间的人口比重研究发现，年龄结构与信任水平的负相关关系。Alesina 和 Ferrara（2002）利用世界价值观调查数据测算信任水平，发现性别、年龄、是否结婚、收入水平、健康状况等均是影响信任水平的重要因素；Guiso 等（2003）利用德国、西班牙、瑞士等国的信任水平数据，验证发现年龄越大、身体健康状况良好、受教育程度越高以及收入水平越高的居民，信任水平较高。针对过去经历，Nunn 和 Wantchekon（2011）研究发现，目前非洲存在的信任水平差异可以追源于大西洋和印度洋奴隶贸易。作者利用不同种族奴隶运输的个人数据，发现祖先在奴隶贸易中遭受更严重袭击的个体，现在的信任水平越低。

个人接受的学校教育或父母影响也是影响信任水平的主要因素，Knack 和 Keefer（1997）、Knack 和 Zak（2003）指出，信任产生于教育体系中，教育让个人能够更好地被告知、更好地解读信息，以及更清晰地认知自身或他人采取某种行动的后果是什么；学校教育对年轻人产生一种重要的社会效应，使得他们用更积极的态度面对陌生人，进而影响信任水平。Bisin 等（2004）、Tabellini（2008）分析了行为准则及信任如何从父母传递给孩子，并在代际间续存。他们指出，即便父母不直接教育孩子的行为准则，但在对他人产生信任的过程中，孩子往往会参照父母的行为准则。Butler 等（2009）认为，通过虚假同感（False Consensus）作用机制，信任在代际之间续存，学校教育和家庭教育导致不同个体的信任水平不同。Dohmen 等（2011）的研究也证实了这一发现。

已有文献多研究社会、社区、个人因素对信任水平的影响，部分学者则发现信任双方的交往也是影响信任水平的主要因素，包括交往次数及过去交往是否存在矛盾等。Hakansson 和 Johanson（1988）分析了企业如何通过不断的互动和社会交流产生系列承诺和关联，最终产生较高的信任水平，为企业带来长期的合作机会。Gulati（1995）利用 1970～1989 年跨行业的企业联盟数据研究发现，联盟企业间重复多次的合作及交流提高跨企业信任水平。Nooteboom（2002）强调，信任的产生需要强烈的认知和情感基础，熟悉度尤其重要，因为熟悉度加强了认知和情感基础。这种熟悉来自多次的互动交往，从而对特定个体或群体产生信任。张维迎、柯荣住（2002）利用中国各省的信任调查数据，实证分析了信任的影响因素，发现交易被重复的可能性也是影响信任水平的因素。虽然反复多次的交往是影响信任水平的主要因素，但如果在过去的交往中发生过冲突或矛盾，则会降低信任水平。Kaufman（1996）研究发现，摩尔多瓦战争爆发导致摩尔多瓦人与当地俄罗斯少数移民之间的信任水平非常低，进而使得彼此间的商业合作明显减少。Guiso 等（2004）利用 1900～1970 年欧洲历史战争数据研究发现，过去的战争冲突和矛盾对信任水平产生长远的负面影响。Blagojevic（2009）、Rohner 等（2013）的研究验证了冲突导致信任消失，减少经济合作。

四、信任对国际贸易的影响

自 20 世纪 80 年代以来，越来越多的经济学家研究发现信任对经济发展的重要作用。例如，信任与经济增长、投资活动（Knack and

Keefer，1997；Temple and Johnson，1998；Zak and Knack，2001；Guiso et al.，2008）等。此后，信任在国际贸易发展中的作用也逐渐得到关注。

1. 信任影响民众对贸易的态度

信任是一国非正式制度和社会资本的重要组成部分，因此，信任水平的高低在一定程度上反映特定经济社会的制度文化环境是否良好。一般而言，信任水平较高的国家，民主化程度通常较高，对他人的态度更为宽容，更乐于支持贸易自由化。Schoppa（1999）认为，通过提高信任水平，国际谈判者能够引导公众对贸易的态度往更积极的方向发展；Spilker 等（2012）利用针对瑞士的社会调查数据和美国国家选举数据（American National Election Study，ANES），实证分析了一国信任水平是否影响贸易政策偏好，结果表明，信任与公众对贸易自由化的观点和态度明显正相关；倾向相信他人的群体更可能对贸易自由化持有积极的看法。因此，高信任水平的社会制度下，贸易商与其他国家的贸易商进行交流合作的自主性和可能性更大，也更容易达成贸易协定；Nguyen 和 Bernauer（2014）利用针对越南居民的调查数据，探讨了信任水平对个体偏好的影响，发现信任水平是反映居民对自由贸易态度的重要信号。

2. 信任降低交易成本促进国际贸易发展

信任通过降低交易成本、减少不确定性促进国际贸易发展。Greif（1989）较早关注信任对国际贸易发展的作用，指出良好的信任有助于降低交易成本，促进贸易增长，提高贸易福利。Den Butter 和 Mosch（2003）认为，交易成本的存在使得实际贸易流量低于传统贸易理论推导出的贸易量；贸易双方的信任能够降低交易成本，促进贸易发展，并据此假设利用贸易引力模型及 25 国贸易数据，实证发现贸易伙伴国间的信任通过降低交易成本促进贸易发展：国家间信任水平增加 1 单位时，双边贸易量增加 90%～150%，具体的影响程度则与两国法律系统是否一致有关。由此提出，"神秘失踪的贸易"（Mystery of Missing Trade）部分归因于贸易伙伴间的信任缺失，如文化或习惯差异，对贸易产品质量和信赖的信息不充分等。Guiso 等（2004）则利用欧洲居民对其他国家居民的信任水平数据实证研究了文化偏好对经济交换的影响。文章假设欧洲国家间的信任不仅受一国自身整体客观特征的影响，同时受宗教、战争历史以及基因相似性等文化方面的影响，据此研究发现，较高水平的国家间信任带来更多的贸易交流、国际投资组合以及外商直接投资：信任水平每增加 1 单位，双边出口增长 32%，外商直接投资增加 25%，国际证券投资提高 3%。且这一影响对信任密集型产品及差异化产品而言更为显著。此外，作者研究还发现，一国接触另一国更多的新闻信息时，低信任导致更少贸易的影响逐渐减弱，植根于文化中的观念和认知（Perceptions）是经济交换的重要影响因素。基于 Guiso 等（2004）的研究，Spring 和 Grossmann（2016）对其结果进行了敏感性分析，并利用新的体征距离（Somatic Distance）作为工具变量，实证发现国家间信任对国际贸易及国际劳工流动没有显著影响。可能的原因是：利用欧洲晴雨表调查数据（Eurobarometer Surveys）并不能准确衡量出国际贸易及国际移民背景下的国家间信任水平。

此外，Anderson 和 Young（2006）指出，各国法律体系的不同造成国际贸易纠纷处理的不一致而导致额外的交易成本，信任的存在有利于贸易双方基于友好原则、善意地提出解决方案，降低争端解决成本进而促进国际贸易发展。王永进、盛丹（2010）利用 63 个国家的信任水平和 222 个行业层面的贸易数据，实证分析信任水平对出口比较优势的影响，发现信任水平越高的国家在契约密集程度高的产品上更具有比较优势。赵家章、池建宇（2014）利用世界价值观调查数据测度一国信任水平，实证研究出口目的国的信任水平对中国与该国间贸易额的影响，发现出口目的国信任水平越高，中国与该国间的双边贸易额越多。

五、文献评述

综合来看，已有文献从信任界定、信任测度、信任的影响因素、信任对国际贸易的影响等方面进行了丰富的研究，为本书研究提供了扎实的理论基础和文献参考。但值得注意的有三个方面：

（1）尽管有关信任影响国际贸易发展的研究已在学界得到越来越多的关注，但现有文献以实证检验信任是否以及多大程度上影响国际贸易发展为主，忽视对信任影响国际贸易发展作用机制的探讨，因而缺乏相关的理论框架。

（2）现有文献主要集中在信任水平与经济增长、企业绩效、商业模式等宏观或整体层面的分析，有关信任水平对贸易影响的研究则较多地使用跨国数据，主要探讨信任对一国出口贸易总额的影响，鲜有从微观企业层面分析信任影响企业出口行为选择、出口贸易增长以及出口增长二元边际等其他相关重要问题。

（3）有关信任水平与贸易发展的国内研究，主要是在探讨制度因素或社会资本因素对国际贸易发展影响的大框架下，将信任作为衡量非正式制度或社会资本的代理变量，进而从单一角度探讨出口国信任水平或出口目的国信任水平与出口贸易的关系，忽略了贸易伙伴国间信任水平对两国间贸易的影响。

第三节 研究内容及主要方法

一、研究内容

本书研究主要包含以下五方面的内容：

1. 信任的界定及中国信任水平的测度

本部分系统梳理了信任的界定、信任的产生、信任的分类等基本内容，剖析了信任与信用、可信度、社会资本、制度、合作等相关概念的关联；在此基础上，利用1981~2014年六轮世界价值观调查数据（World Value Survey，WVS）定量测算了中国信任水平，考察中国信任水平的总体情况及其发展变化，并将中国信任水平与世界其他国家的信任水平进行横向比较，以综合评价中国信任水平在世界范围内的整体地位和变化趋势。

2. 信任影响企业出口的理论机制

本书借鉴 Melitz（2003）异质性企业贸易模型，将信任作为出口固定交易成本的一部分引入模型，构建信任通过降低交易成本进而影响企业出口的理论框架，分析在开放经济条件下，当信任水平提高时，出口交易成本降低，企业决定生产和进入出口市场的临界生产率如何变化，进而影响企业出口行为选择和出口贸易发展，为后文实证奠定理论基础。

3. 中国省级信任水平影响中国企业出口行为选择的实证研究

本书利用 2003 年和 2005 年的中国综合社会调查数据定量测算了中国 28 个省份的信任水平，并将此与对应年份的中国工业企业数据匹配形成两期面板数据，利用 Probit 模型、Heckman 两阶段自选择模型实证检验中国省级层面的信任水平对中国企业出口行为选择的影响，并进一步考察信任对不同性质企业、不同地区企业出口行为选择影响的异质性。

4. 国家间信任水平影响中国企业出口及其二元边际的实证研究

本书匹配了 2005 年和 2006 年的中国工业企业数据库和海关商品贸易数据库，对接获得出口企业—出口产品—出口目的国信息；并以加权遗传距离作为衡量中国与 41 个贸易伙伴国间信任水平的代理变量，实证检验国家间信任水平对中国企业到对应国家的双边出口贸易规模的影响，以及这一影响对不同性质企业出口、不同贸易方式出口、不同地区出口目的国出口以及不同差异产品出口的不同。在此基础上，进一步将中国企业出口增长分为扩展边际和集约边际，实证检验国家间信任水平对中国企业出口增长二元边际的影响。

5. 主要结论及对策建议

本书总结了前文理论分析和实证检验的主要结论，结合国内信任、国家间信任对中国企业出口的重要影响，以及中国与贸易伙伴国在政治、文化、制度等方面存在的差异，从政府、企业、个人层面提出，提升信任水平以促进中国企业出口贸易发展的对策建议。

二、研究方法

本书的研究对象主要是信任与中国企业出口，涉及经济学、统计学、社会学等多门学科，因此研究中采用了经济理论演绎分析、比较研究、实证检验等方法。全书贯穿理论研究和实证分析两条主要线索，涉及 Melitz（2003）异质性企业贸易模型、Heckman 两阶段自选择模型、贸易引力模型等，具体包括：

1. 文献分析

本书系统梳理与信任相关的已有研究，从信任界定、信任测度、信任的影响因素、信任对国际贸易的影响等方面整理归纳已有成果，为后文研究奠定了扎实的文献基础。

2. 经济理论演绎分析

本书在 Melitz（2003）异质性企业贸易模型的基础上，引入信任 trust 的参数，推导出实证研究模型。

Melitz 模型假设市场处于垄断竞争条件之下，且企业具有不同生产率（企业异质性），进而分析发现高生产率企业选择出口，低生产率企业只服务国内市场的结论。在本书的理论模型中，消费者效用函数仍是 CES 型效用函数：$U = \left[\int_{w \in \Omega} q(\omega) \, d_\omega\right]^{1/\rho}$；其中，$\Omega$ 表示总体可获得的商品种类，各商品间的替代性为 $1 < \rho < 1$。

但对于出口企业而言，不仅面临出口冰山成本 f，还将面临由于信任问题而带来的额外出口成本 $trust$，因此，企业最终的利润函数变为：

$$\pi(\varphi) = \gamma(\varphi) - l(\varphi) = \frac{R(p_{\rho\varphi})^{\sigma-1}}{\sigma} - f - trust \quad (1-1)$$

其中，R 表示在一定生产率水平 φ 和价格水平 p 下的总支出；σ 表示异质性企业生产的差异化产品的替代弹性。在此基础上，推导得到信任对中国企业出口的影响,以及实证研究部分使用的计量模型。

3. 实证分析

在理论模型基础之上,本书通过匹配中国工业企业数据库和中国综合社会调查数据库、海关商品贸易数据库,利用 Probit 模型、Heckman 两阶段自选择模型、贸易引力模型等计量方法实证检验了中国省级层面信任水平对中国工业企业出口行为选择的影响、中国与主要贸易伙伴国间的信任水平对中国工业企业出口及其二元边际的影响。

第四节 主要创新及不足

一、主要创新

与已有研究相比,本书的创新主要有以下三个方面:

1. 理论上尝试解释信任影响企业出口的作用机制

信任在出口贸易发展过程中发挥重要作用的结论已获得学界的广泛关注,但已有文献主要实证检验信任是否以及多大程度上影响出口贸易,缺乏对信任影响企业出口贸易理论机制的探讨。信任促进出口贸易发展的一个主要途径是降低贸易交易成本,因此,本书在 Melitz(2003)异质性企业贸易模型的基础上,将信任作为出口固定交易成本的一部分引入模型,构建了一个信任通过降低交易成本进而影响企业出口的理论框架,分析在开放经济条件下,当信任水平提高时,出口交易成本降低,企业决定生产和进入出口市场的临界生产率如何变化,从而考察信任如何通过降低交易成本影响企业出口行为决策和出口贸易发展,尝试为信任影响企业出口的作用机制提供理论基础。

2. 实证检验国内信任水平对企业出口行为选择的影响

现有关于信任影响出口贸易的研究,主要利用跨国数据,从宏观层

面或国家层面分析一国信任水平对出口贸易总额或贸易比较优势的影响，忽略探讨信任水平越高的国家，其企业是否更倾向选择出口这一重要话题。实际上，国内信任水平是一国非正式制度和社会资本的重要体现，国内信任水平的高低在很大程度上反映一国经济社会的运行效率，进而影响企业生产和出口行为决策。为此，本书利用中国综合社会调查数据定量测算中国 28 个省份的信任水平，并将此与中国工业企业数据匹配，利用 Probit 模型、Heckman 两阶段自选择模型实证检验了中国省级层面的信任水平对企业出口行为选择的影响，考察了信任水平高的省份，其企业选择进行出口的概率是否越高，并进一步细分对不同类型企业影响的差异，发现省级层面的信任水平对国有企业、私营企业以及东部地区企业选择出口的决策产生显著影响，而对外资企业和中西部企业则不存在明显作用。

3. 实证检验国家间信任水平对企业出口贸易的影响

关于信任与国际贸易的现有国内研究，主要是在探讨制度因素或社会资本对国际贸易影响的大框架下，将信任作为衡量一国非正式制度或社会资本的代理变量，进而从单一维度探讨出口国信任水平或出口目的国信任水平与出口贸易的关系，忽略贸易伙伴国间信任水平对两国间双边出口贸易的影响。为此，本书匹配了中国工业企业数据和海关贸易数据，利用中国与 41 个贸易伙伴国家间的加权遗传距离作为衡量国家间信任水平的代理变量，实证检验国家间信任水平对企业出口的影响，考察国家间信任水平越高，中国企业到对应国家的出口贸易规模是否增加，并进一步细分对不同性质企业出口、不同贸易方式出口、不同地区出口目的国出口、不同差异化产品出口，以及出口增长的扩展边际和集约边际，分析国家间信任水平对不同类型出口贸易影响的不同，以对从单一维度探讨信任与企业出口的已有文献进行补充研究。

二、本书不足

尽管如此，本书研究仍存在一定的不足。

1. 信任水平测度数据较难获取，指标衡量受限

例如，由于国家间信任水平测算数据受限，未能准确描述中国与主要贸易伙伴国间的信任水平；在实证检验中，目前可获得的最优数据也只是利用加权遗传距离作为衡量国家间信任水平的代理变量。

2. 信任影响企业出口的理论框架较为基础

本书尝试在 Melitz（2003）异质性企业贸易模型的基础上，将信任作为出口固定成本的一部分引入模型，构建了信任影响企业出口的理论框架。实际上，企业出口到不同国家面临的信任相关成本是不同的，随着贸易往来加深，信任成本也在变化，这将是未来理论研究可改进的一个方向。

第二章

信任的界定及中国信任水平测度

信任是市场经济得以发展的基础，是特定社会群体的政治、文化、制度体系的外在表现，更是社会资本的重要组成部分。本书从信任的界定、信任的产生、信任内涵等方面系统梳理信任的相关基本内容，并利用世界价值观调查数据定量测算中国信任水平，考察中国信任水平的总体概况及发展变化。

第一节 信任的概念及产生

一、经济学框架下信任的界定

由于信任概念的社会性和抽象性，文献中对信任的界定多从心理学、社会学等角度给出，经济学领域的学者则主要集中于对信任的测度上，而弱化了对信任的明确界定。Glaeser 等（2000）最早从经济学视角出发将信任理解为一方评估另一方或某一群体做出某一特定行为的主观概率，并利用信任博弈实验对这一界定下的信任水平进行了测度。Fafchamps（2004）综合考虑了其他学科对信任的理解及信任产生的基本条件，将信任界定为在存在不确定的情况下，对其他经济行为者合作行动的乐观预期。根据产生机制的不同，Durlauf 和 Fafchamps（2005）将信任划分为一般化信任（Generalized Trust）和个体化信任（Persona-

Lized Trust)。其中,一般化信任是特定经济社会环境下的个体对陌生人或社会上大多数人的信任,不需要多次交往和时间积累,因而也被认为是"知情前信任"(Poorly-informed Prior Beliefs)。在探讨制度因素或社会资本因素对经济发展影响的大框架下,一般化信任更多地被看成一种社会资本或非正式制度,因此,国内学者通常也将一般化信任称为普遍信任或社会信任(李涛等,2008;黄健、邓燕华,2012)。个性化信任产生于反复多次的交往过程中,是"后期的知情信任"(Well-informed Posterior Beliefs),在信任与经济发展关系的研究中,则常被理解为在商业交易过程中交易一方对特定对方产生的信赖关系(Guiso 等,2009)。

根据信任产生的基本条件,目前被广泛接受的对信任的理解是:在存在风险和相互依赖的条件下愿意接受风险的一种心理状态,由基于对他人积极的预期或行为而产生的意向组成。信任不是一种行为(如合作),也不是一种选择(如敢于冒险),而是一种引起或产生于这些行为中的心理状态(Hurley,2006)。据此,在本书的研究中,信任主要是指在存在不确定和相互依赖的条件下,愿意承担利益损失风险而选择相信他人会采取积极有利行为的信心程度。

二、信任产生的基本条件

尽管不同学科不同学者对信任概念的界定尚不统一,但对信任产生的必要条件基本达成一致看法。

首先是不确定性。不确定性是产生心理、社会和经济信任的基本条件之一(Coleman,1993;Rotter,1967;Williamson,1993),正是由于经济社会运行中普遍存在不确定性因素,信任才得以产生且非常重要。信任与不确定性相互关联:不确定性的存在为信任的产生提供了机会;反过来,信任带来了对不确定性的风险承担,且当预期的行为出现时,对不确定性的风险承担又产生了信任的新认知。Shklar(1984)较早提出他人行为的未知和不确定性是形成信任的主要条件。由于我们无法了解他人的所有信息、某一行动的目的、自发的应对及其变化，因此，也可将信任理解为我们应对自身"无知"和他人"不确定性"的方式；Dunn（1984）也认为，信任是一种处理他人自主性和不确定性的方式。如果他人的行动被严格限制，或者违背预期的不确定性因素很少，信任在影响我们自身行动中的作用也将明显降低，信任产生的概率也降低。

其次是相互依赖。相互依赖是信任产生的必要条件，如果彼此间没有相互的利益诉求或合作的需要，信任产生的可能性就大大降低。Swinth（1967）较早阐述了信任的建立与产生，指出信任关系能否建立主要取决于双方是否愿意充分"暴露"自己，双方是否有共同的意愿。Arrow（1975）认为，信任涉及丰富的"相互"或"往复"的内涵。一般而言，信任往往涉及一段关系中的两个主体，而不是由其中的某一方拥有。已有研究也表明，单方面的信任是不稳定、不能长久的。

最后是脆弱性。脆弱性主要是指由于不确定性因素和风险的存在，如果一方行动不按照良好预期进行，另一方将遭受利益损失。信任的产生降低了利益受损的风险，反过来，利益受损的脆弱性体现了信任产生的必要性。Sabel（1993）强调了脆弱性存在对信任产生的重要意义，认为如果没有脆弱性的存在，信任或不信任的后果对信任者来说就不重要，因而信任产生的必要性很小。一方面，信任是提高个人脆弱性的一种行为，是自愿将个人资源让他人使用或将对资源的控制权转移给他人；另一方面，当信任关系中的一方对另一方暴露出自身脆弱时，同时也会将自己暴露于由于他人的投机行为而造成的损害中，这种情况下信任对方是降低自我损失的有效方式。

经济社会运行普遍存在市场环境和政策变化、信息不对称、违约风险等诸多不确定性因素，同时又存在获取利益和合作的需要，因此，信任产生并普遍存在于经济运行中，在经济发展过程中发挥重要作用。

第二节 信任的内涵

信任是社会资本的重要组成部分,是特定社会群体的政治、文化、制度体系的外在表现,且与信用、可信度密切关联。本书通过总结梳理信任与社会资本、制度、信用、合作等相关概念的关联分析信任的主要内涵。

一、信任、信用与可信度

根据现代汉语词典的解释,信任主要是指"相信而敢于托付、相信并加以任用",信用是指"能够履行诺言而取得的信任",可信度则指"能够被他人信赖的程度"。对应的英语表达分别为:信任(Trust)、信用(Credit)、可信度(Trustworthiness)。信任、信用与可信度含义各不相同,却又密切关联。一般而言,信任侧重于主观性的心理和行为偏好,强调双方关系的特性;信用和可信度则更侧重说明其中一方的自身个性;信用衍生信任,同时也是可信度的基础[①]。

二、信任与社会资本

Coleman(1993)将社会资本界定为,"群体或组织内部的人们为了某些共同目标而合作的能力"。这种能力取决于共同体中规范和价值共享的程度,更重要的是这种能力能够让个人利益服从全体利益,形成价值共享,进而缔造了信任(Fukuyama,1995)。社会资本也被简单定义为用于克服社会困境(Social Dilemmas)的不同程度的信任、互惠的规范及关系网络(Ahn and Ostrom,2008)。根据社会资本的界定,社会

[①] 王日华.中国传统的国家间信任思想及其启示[J].世界经济与政治,2011(3):100-121.

资本包括所有能够降低交易成本、克服公共物品由于搭便车倾向的存在而导致的供给不足等的行为意向（Offe and Fuchs，2002），作为能够提高陌生人之间守信度的"社会胶水"（Social Glue），信任是其中最重要的一项。因此，信任常被看作是社会资本重要的组成部分，现有研究也常把信任作为衡量社会资本的代理变量。例如，Knack 和 Keefer（1997、2008）在研究社会资本与经济发展关系时，利用信任作为社会资本的代理变量，实证分析了信任对经济增长的作用。Beugelsdijk 等（2004）也利用信任衡量社会资本，并验证了 Knack 和 Keefer 的研究结果。

三、信任与正式制度

信任是非正式制度最基本的外在体现，与正式制度紧密关联，并共同形成整体的社会制度。一方面，正式制度为信任的产生提供了最基本的社会环境。研究表明，在一个正式制度环境下，如果再分配的国家体系和市场机制能够促进公平和社会保护，能够有效地执行社会合约，那么在国家机构制定规则（Rule-making）、执行规则（Rule-enforcing）和关系网络促进（Network-facilitating）的"保护伞"下，居民有理由信任他人没有搭便车行为，这个制度环境下的信任水平更高，居民间的信任也更容易产生。另一方面，较高的信任水平有利于加强民众对正式制度的信任，进一步促进正式制度的发展和完善。反之，运行糟糕的正式制度带来更大的不信任（Johnston et al.，2010）。Eek 和 Rothstein（2005）研究发现，良好的制度环境是信任产生的重要来源，而糟糕的制度环境对信任产生存在负面影响。综合而言，较好的正式制度环境有利于产生较高的信任水平，较高的信任水平反作用于正式制度的发展，进而形成良好的社会制度。

四、信任与合作

信任是交易双方进行合作的重要前提和条件，没有基本的信任，合作的机会和可能就很小。越来越多的研究也表明，较高的信任水平能够带来更多交流和合作的机会。Gambetta（2000）探讨了合作与信任之间的关联，他指出"当我们在谈论信任某人或某人值得信赖时，更多意味着对方采取有利于自身或至少不危害自身的概率对我们而言足够高，以至于我们自身愿意考虑与对方进行某种形式的合作"。Gambetta（2000）还强调，信任水平的高低会随着合作的程度而改变，并最终取决于决定我们合作的机制以及做出这些决定的社会安排。此外，信任并不像由于使用而逐渐减少的资源那样具有稀缺性，在自主安排成本过高或无法获得自主安排时，信任才显得重要。因此，我们应该更多关注合作而非信任，应根据特定情况下的限制和利益创造利于合作的适当条件，而不是企图希望已有的信任水平足以自发性地带来与他人的合作。

第三节 信任的分类

信任是一种复杂的社会和心理现象，涉及很多层面和维度（刘凤委等，2009）。因此，根据不同标准和不同学者研究的需要，信任存在多种分类。

一、一般化信任与个体化信任

根据产生机制的不同，Durlauf 和 Fafchamps（2005）将信任划分为一般化信任和个体化信任。

（1）一般化信任是特定社会群体中的个体对陌生人或社会上大多数人的信任，不需要多次交往和时间积累而产生，因而也被认为是知情前信任。一般化信任常被用作衡量一国社会资本或非正式制度的指标，侧重于体现特定群体内部的信任水平，因此，国内学者通常也将一般化信任称为普遍信任或社会信任（李涛等，2008；黄健、邓燕华，2012）。

（2）个性化信任产生于反复多次的交往过程中，具有特定的信任对象、具体的交流情境和条件设置，且随着信任对象的不同而改变，属于"知情信任"。在相关实证研究中常被理解为在商业交易过程中交易一方对特定对方产生的信赖关系（Guiso et al., 2009）。

二、策略型信任、身份型信任与道德信任

根据信任自身性质的不同，信任被划分为策略型信任（Strategic Trust）、身份型信任（Identity Trust）与道德信任（Moral Trust）。

（1）策略型信任基于对未来合作可能的计算而产生，只有当个人在交易中获得的收益大于其所需承担的风险时，策略型信任才产生（Coleman, 1993），因而也被称为"理性信任"（Rational Trust）。策略型信任涉及对成本与收益的权衡，包括对合作对象过去的信用情况、商业交易中的其他合作者对比等。总体而言，策略型信任本质上产生于不确定之中，双方均有退出、背叛甚至欺诈的可能（Gambetta, 1988）。

（2）不同于策略型信任，身份型信任主要基于团体分类（Categorization）或身份特征（Identification），因此，也被称为团体型信任（Group-based Trust）。一般而言，关系越紧密的团体，其中的个体越容易将团体中其他人的需求和期望与自身相关联，因而信任水平越高。换句话说，个体会更相信跟自身亲近的他人、类似于自身以及自身熟悉的其他人（Staub, 1978）。身份型信任通常产生于家庭成员间、朋友之间或其他亲近关系中。

（3）道德信任产生于陌生人之间，甚至具有差异的群体之间。不同于身份型信任基于具有共性的群体，道德信任的产生基于他人会分享潜在的价值这一信心，即由于我们自主地相信他人不会利用自己因而认为对方是可信赖的，进而对其产生道德信任（Uslaner, 2002）。因而，道德信任的双方一般具有积极的世界观，这种对世界的态度决定了我们与他人的交往，而与当时的情景无关、与交往对象无关，甚至与过去的经历无关。因此，即使道德信任者过去有过被背叛的经历，他们仍会给陌生人一个机会，而不改变他们的态度。从本质上来说，道德信任是个

体或群体一种相对稳定的特性。

三、信任的其他分类

根据产生对象的不同,信任又被划分为个体间信任(Interpersonal Trust)与组织间信任(Inter-organizational Trust)。

(1) 个体间信任是指单个个体对其合作组织中某一个体的信任,即个体间信任是产生于个体边界范围内的信任。

(2) 组织间信任是依托于特定组织成员而产生于整体组织范围内的信任程度。个体间信任与组织间信任的关联主要取决于制度化过程(Institutionalizing Process)。一方面,已准则化的组织间信任被在交易过程中新产生的个体间信任不断内化和重建;另一方面,个体间信任逐渐被再制度化,其他组织成员对合作组织的看法,进而影响组织间信任。

根据交易过程中投机机会的不同,信任存在低水平信任(Weak Form Trust)、中等水平信任(Semi-strong Form Trust)与高水平信任(Strong Form Trust)。

(1) 如果交易过程中双方存在较低的脆弱性,如交易双方无须进行专门化投资就能从中获益,即使对方违约自身的损失也较少,此时双方产生投机行为的机会较少,进行投机的收益也有限,这种情况下产生的信任就是低水平信任。

(2) 中等水平信任产生于"即使交易过程中双方存在明显的脆弱性,只要交易双方的利益能够通过各种监管方式得到保护"的情况下。当监管方式(例如,市场规则、合同条约和市场名誉)适当时,投机行为的成本大于收益,这种情况下,交易双方会表现出理性的自私,进而相信对方会由于投机成本更大而不会做出违约行为(Hill,1990),此时产生的信任为中等水平信任,这种信任也是大部分经济交易中产生的信任。

(3) 高水平信任产生于交易双方存在较严重的脆弱性,以及社会或经济监管机制不存在时。在这种情况下,由于投机行为可能违背交易群体内部的社会价值观、基本规范和行为准则，即使交易存在脆弱性、监管机制也不存在，高水平信任也会产生，因此，高水平信任通常也被称作规范性信任（Principled Trust）。高水平信任在更大程度上说明了交易群体内部的特定价值观、行为准则和规范，而非交易本身的特性。

本书研究的主要目的是考察信任对企业出口的影响，实证检验中国信任水平对企业出口行为选择的影响，以及中国与主要贸易伙伴国间信任水平对企业出口贸易及其二元边际的影响。因此，为实证研究的需要，本书将主要考虑中国信任水平和中国与贸易伙伴国间信任水平这两个维度，以全面探讨信任对企业出口贸易的影响。

第四节　中国信任水平的测度

本节利用世界价值观调查数据定量测算了中国信任水平，考察中国信任水平的总体情况及其发展变化，并将中国信任水平与世界其他国家的信任水平进行横向比较，以综合评价中国信任水平在世界范围内的整体地位和变化趋势。

需要说明的是，由于世界价值观数据库未提供受调查者的省份信息，本节只能从整体上分析中国信任水平的总体概况，而在第四章实证检验中国信任水平对企业出口行为选择的影响中，为计量回归的需要，另外使用中国综合社会调查数据测算了中国各省份的信任水平。此外，由于中国与贸易伙伴国间的信任水平数据无法获取，本书尚未进行测算，在第五章的计量回归中则是利用中国与贸易伙伴国间的加权遗传距离作为代理变量衡量了中国与贸易伙伴国间的信任水平。

一、本书信任水平测度的方法

前文提到，已有文献主要使用社会调查问卷数据和信任博弈实验两种方法测度信任水平。考虑到进行信任博弈实验的研究条件有限，本章将利用世界价值观调查（World Value Survey，WVS）数据测算中国与世界其他国家的信任水平。

世界价值观调查是针对人类价值观、信仰及其变迁，社会与政治影响进行的全球性调查项目。该调查自1981年开始启动，现已涵盖全球近100个国家（地区），涉及90%以上的世界人口。此跨国性调查内容广泛地包含了社会价值观、社会规范、社会问题、社会距离、工作问题、劳工组织、就业问题、政治态度、国家民主、性别问题、环境问题、婚姻、家庭与小孩教养问题等，以构建和发展未来稳定且可重复测量的价值观指标，同时也证实了文化价值观变迁的方向会因国家经济发展程度有所差异。该调查数据现已被各国政府、学者、在读学生、新闻工作者以及国际机构组织（如世界银行）广泛使用。

世界价值观调查采用统一的多层（Probability Proportionate to Size Sampling，PPS，按规模大小成比例的概率抽样）抽样方法在各国选取有代表性的约1000个样本个体，使用同一版本的调查问卷，通过入户面访的形式采集问卷数据。截至2016年12月，该调查已分别在1981~1984年、1990~1994年、1995~1998年、1999~2004年、2005~2009年、2010~2014年进行了六轮调查，每年涉及不同数量的国家（地区）（见表2-1）。

表2-1　1981~2014年世界价值观调查涉及的国家（地区）

年份	1981~1984	1990~1994	1995~1998	1999~2004	2005~2009	2010~2014
样本国家(个)	8	18	54	40	57	60

资料来源：根据世界价值观调查数据库（WVS）计算得到。

世界价值观调查问卷中有一项关于信任的问题：总体来说，您认为大多数人是可以信任的还是在与人交往时应当十分谨慎的（Generally Speaking, Would You Say That Most People Can be Trusted or That You Can't be Too Careful in Dealing with People?），并提供了两项回答"大多数人都是可以信任的"（Most People Can be Trusted）和"与人打交道再

小心也不为过"（You Can't be Too Careful in Dealing with People）。Knack 和 Keefer（1997）最早利用选择回答"大多数人都是可以信任的"受访者人数占所有受访者人数的比例计算得到相应国家（地区）的信任水平。此后，该测算方法常用于有关信任水平的测度和实证研究中（Zak and Knack，2001；Lederman et al.，2002；张维迎和柯荣柱，2002；赵家章和池建宇，2014 等）。本书研究也利用这种方法定量测算中国与其他国家的信任水平。

二、中国信任水平总体概况及其发展变化

1. 中国信任水平的总体概况

自 1990 年以来，世界价值观调查针对中国进行了五轮调查，分别是 1990~1994 年、1995~1998 年、1999~2004 年、2005~2009 年和 2010~2014 年，每轮调查从中国各省份随机抽取受调查者数分别为 985 人、1445 人、963 人、1849 人和 2196 人（见表 2-2）。

表 2-2　中国信任水平调查结果

年份	样本数（人）	信任水平
1990~1994	985	0.6030
1995~1998	1445	0.5232
1999~2004	963	0.5452
2005~2009	1849	0.5241
2010~2014	2196	0.6444

资料来源：根据世界价值观调查数据库（WVS）计算得到。

图 2-1 描述了五轮调查中中国信任水平的总体情况及其发展变化。从信任水平的总体概况来看，中国信任水平总体水平较高，在每轮调查中均有 50% 以上的受访者认为，"大多数人都是可以信任的"。具体来看，在 1990~1994 年的第一轮调查中中国信任水平为 0.6030，表明在所有的受访者中有 60.30% 的受访者认为，"大多数人都是可以信任

的"；在1995~1998年第二轮调查中中国信任水平降低到0.5232，只有52.32%的受访者认为，"大多数人都是可以信任的"；在最近一次的调查中，中国信任水平明显提高，有64.44%的受访者选择了"大多数人都是可以信任的"。

从信任水平的发展变化来看，1990年以来中国信任水平呈现先下降后上升的整体趋势：由1990~1994年第一轮调查中的0.6030降低到此后一轮调查中的0.5323，并在之后的10年左右时间内保持基本稳定状态，最后在2010~2014年的最近一次调查中提高到0.6444。自1990年以来，中国经济社会先后经历了全面改革、亚洲金融危机、加入WTO后对外贸易迅猛发展、全球金融危机后减速增长等过程，在改革、经济动荡及迅猛发展过程中，人们更为关注物质的获取，市场充满"尔虞我诈、鱼龙混杂"的各式竞争和转型中的不确定性因素和各类风险，伴随着对经济利益的追求，居民收入差距显著扩大，1990~2009年中国社会信任水平呈现下降趋势。全球金融危机之后，中国经济增速放缓；与此同时，由于快速增长带来的环境污染问题、资源匮乏问题等日益显著，全国范围内开始越来越关注除经济发展、物质追求之外的东西，在最近一轮的世界价值观调查中，中国信任水平开始出现整体上升趋势。

值得一提的是，在世界价值观调查中，中国信任水平较高，是少数选择"大多数人是可以信任的"这一回答的比例超过50%的国家，更比世界各国信任水平的均值0.2529高出1倍多①。这一结果与我们看到的各类报道内容似乎恰好相反："近年来，人们从日常生活体验出发，认为人与人之间的信任度已日渐降低，中国社会出现了严重的信任危机。"② 也有不少学者对世界价值观调查的这一结果提出质疑③（马得勇，2008）。然而，信任是一个相对主观的概念，信任水平的高低取决于信任的对象是谁，如陌生人还是亲朋好友、个人还是政府公司群体；

---

① 根据世界价值观调查数据库（WVS）计算得到。
② 唐丽娜. 中国社会信任度很低吧？[N]. 北京时报，2016-03-28（018）.
③ 马得勇. 信任、信任的起源与信任的变迁[J]. 开放时代，2008（4）：72-86.

信任的情境如何，如是否存在利益冲突等因素。此外，当前报道中的中国信任危机问题，并没有一个量化的研究，无法证实这一问题严重存在，还是由于现代化媒介的传播、部分媒体夸大事实的严重性，以及民众对信任的认知和关注提高等原因，因此，应该避免盲目消极地认为中国社会存在严重的信任危机（见图2-1）。

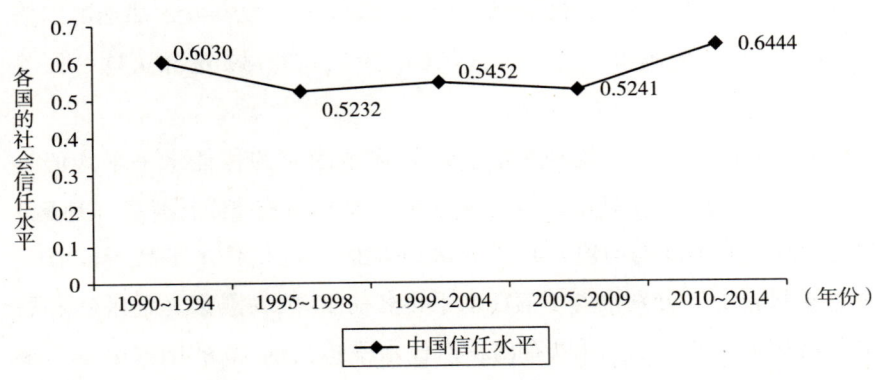

图 2-1　1990 年以来中国信任水平的发展演变

资料来源：根据世界价值观调查数据库（WVS）计算得到。

2. 中国信任水平在世界范围内的总体地位

本部分将中国信任水平与世界其他国家的信任水平进行横向比较，以综合评价中国信任水平在世界范围内的总体地位。考虑到世界价值观调查中每轮调查涉及的国家不同且有限，单独测度其中一轮调查样本国家的信任水平不能全面了解世界各国信任水平的总体状况，也难以对比研究中国信任水平所处的位置；此外，一国信任水平在短期内很难发生本质变化。因此，本部分测算了世界价值观调查中涉及的所有样本国家，以直观考察中国社会信任水平在世界范围内的总体地位。其中，仅调查过一次的国家则以该次调查结果测度该国信任水平，参与两次及两次以上调查的国家则以每次调查结果测度的信任水平的平均值为准。

图 2-2 对比分析了六轮世界价值观调查共涉及的约 100 个国家（地区）的信任水平总体概况。从图 2-2 可以看出，中国信任水平均值为

0.5680，即平均有 56.80% 的受调查者选择"大多数人都是可以信任的"，在世界各国信任水平排名第 4 位，也是少数有超过 50% 的受访者认为"大多数人都是可以信任的"的国家。比中国信任水平高的国家分别是挪威、瑞典和荷兰，其中，挪威的信任水平最高，在回答"总体来说，您认为大多数人是可以信任或者在与人交往时应当十分谨慎"这一问题时，平均有 69.52% 的受调查者选择回答"大多数人都是可以信任的"；其次是瑞典和荷兰，分别有 64.23%、59.43% 选择了这一回答（见表 2-3）。

从世界信任水平的均值来看，所有样本国家的信任水平平均值为 0.2529，中国信任水平是该值的两倍多。其中，有 55 个国家（地区）的信任水平低于该平均值，41 个国家（地区）的信任水平高于该值[①]。表 2-4 和表 2-5 分别报告了信任水平排名前 20 位的国家（地区）和后 20 位的国家（地区）。可以看出，信任水平排名前 20 的国家分别是挪威、瑞典、荷兰、中国、芬兰、沙特阿拉伯、新西兰、越南、澳大利亚、印度尼西亚、瑞士、伊拉克、日本、也门、加拿大、哈萨克斯坦、泰国、美国、德国和印度。其中，欧洲国家 6 个，美洲国家 2 个，亚洲国家 10 个，大洋洲国家 2 个。信任水平排名后 20 位的国家分别是特立尼达和多巴哥共和国、菲律宾、加纳、厄瓜多尔、巴西、秘鲁、乌干达、坦桑尼亚、马来西亚、津巴布韦、卢旺达、哥伦比亚、黎巴嫩、塞浦路斯、马其顿、赞比亚、利比亚、土耳其、波多黎各和乌兹别克斯坦。其中，欧洲国家 3 个，美洲国家 6 个，亚洲国家 4 个，非洲国家 7 个。

---

① 根据世界价值观调查数据库（WVS）计算得到。

第二章　信任的界定及中国信任水平测度

表 2-3　信任水平排名前 20 位的国家（地区）

序号	国家	信任水平	所在地区	人均国民收入
1	挪威	0.6952	欧洲	高收入
2	瑞典	0.6423	欧洲	高收入
3	荷兰	0.5943	欧洲	高收入
4	中国	0.5680	亚洲	高等中收入
5	芬兰	0.5498	欧洲	高收入
6	沙特阿拉伯	0.5304	亚洲	高收入
7	新西兰	0.5191	大洋洲	高收入
8	越南	0.4781	亚洲	低等中收入
9	澳大利亚	0.4698	大洋洲	高收入
10	印度尼西亚	0.4556	亚洲	低等中收入
11	瑞士	0.4376	欧洲	高收入
12	伊拉克	0.4171	亚洲	高等中收入
13	日本	0.4074	亚洲	高收入
14	也门	0.4040	亚洲	低等中收入
15	加拿大	0.3968	美洲	高收入
16	哈萨克斯坦	0.3880	亚洲	高等中收入
17	泰国	0.3760	亚洲	高等中收入
18	美国	0.3754	美洲	高收入
19	德国	0.3671	欧洲	高收入
20	印度	0.3446	亚洲	低等中收入

注：根据世界银行（2016）年的划分，人均国民收入≤1025 美元属于低收入（low income）；1026 美元<人均国民收入≤4035 美元属于低等中收入（lower middle income）；4036 美元<人均国民收入≤12475 美元属于高等中收入（upper middle income）；人均国民收入≥12476 美元属于高收入（high income）。

资料来源：根据世界价值观调查数据库（WVS）计算得到。

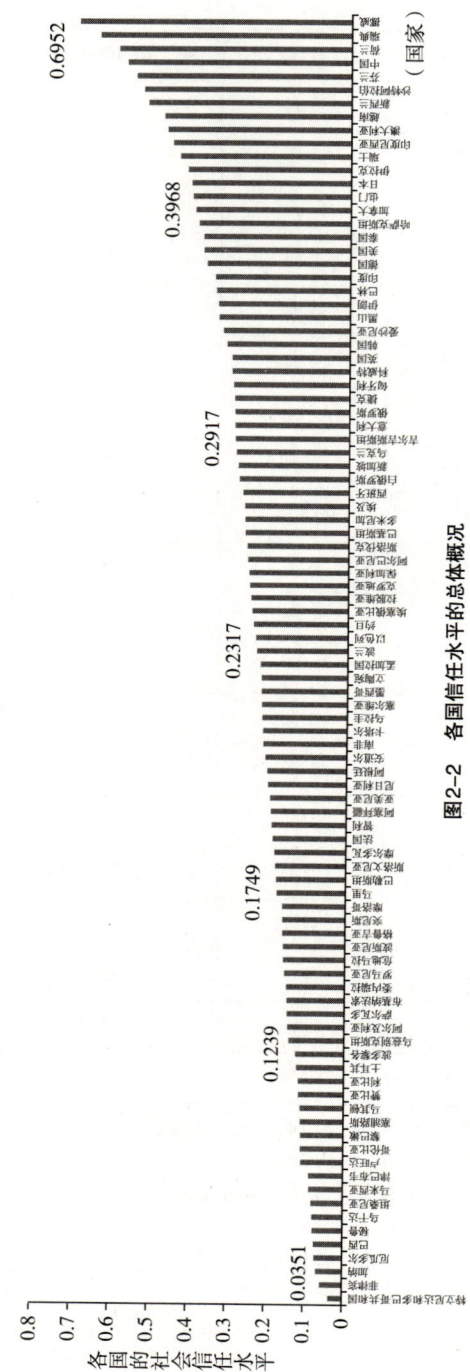

图2-2 各国信任水平的总体概况

说明：六轮世界价值观调查共涉及98个国家（地区），图2分析的受访国家（地区）主要有96个。因此，本节未考虑中国香港和中国台湾的问卷信息。亚美尼亚、波斯尼亚和黑塞哥维那、巴西、保加利亚、白俄罗斯、加拿大、中国、哥伦比亚、阿尔及利亚、巴林、孟加拉国、厄瓜多尔、萨尔瓦多、爱沙尼亚、芬兰、法国、格鲁吉亚、加纳、德国、加纳斯坦、印度、印度尼西亚、伊朗、伊拉克、以色列、意大利、日本、约旦、韩国、科威特、吉尔吉斯斯坦、黎巴嫩、拉脱维亚、利比亚、马来西亚、马里、摩尔多瓦、摩洛哥、荷兰、新西兰、尼日利亚、挪威、巴基斯坦、菲律宾、波兰、罗马尼亚、俄罗斯、卢旺达、沙特阿拉伯、新加坡、斯洛伐克、斯洛文尼亚、南非、西班牙、瑞典、瑞士、泰国、特立尼达和多巴哥共和国、突尼斯、土耳其、乌克兰、马其顿、埃及、英国、坦桑尼亚、美国、布基纳法索、乌拉圭、乌兹别克斯坦、委内瑞拉、也门、赞比亚。

资料来源：根据世界价值观调查数据库（WVS）计算得到。

表 2-4 信任水平排名后 20 位的国家（地区）

国家	信任水平	所在地区	人均国民收入
特立尼达和多巴哥共和国	0.0351	美洲	高收入
菲律宾	0.0566	亚洲	低等中收入
加纳	0.0672	非洲	低等中收入
厄瓜多尔	0.0717	美洲	高等中收入
巴西	0.0735	美洲	高等中收入
秘鲁	0.0771	美洲	高等中收入
乌干达	0.0782	非洲	低收入
坦桑尼亚	0.0809	非洲	低收入
马来西亚	0.0868	亚洲	高等中收入
津巴布韦	0.0878	非洲	低收入
卢旺达	0.1081	非洲	低收入
哥伦比亚	0.1089	美洲	高等中收入
黎巴嫩	0.1091	亚洲	高等中收入
塞浦路斯	0.1101	欧洲	高收入
马其顿	0.1111	欧洲	高等中收入
赞比亚	0.1155	非洲	低等中收入
利比亚	0.1160	非洲	高等中收入
土耳其	0.1212	欧洲	高等中收入
波多黎各	0.1239	美洲	高收入
乌兹别克斯坦	0.1409	亚洲	低等中收入

注：虽然土耳其的绝大部分领土在亚洲，但从政治、文化、体育、宗教等方面来看，土耳其更偏向是欧洲国家。

资料来源：根据世界价值观调查数据库（WVS）计算得到。

3. 中国与主要国家信任水平变化趋势对比

本书在对比分析中国信任水平在世界范围所处位置的基础上，进一步考察中国信任水平与主要国家信任水平的变化趋势差异，以综合评价中国信任水平的整体发展。考虑到并不是所有国家都出现在所有调查中，每轮调查包含的样本国家也不一致，本书选取六轮调查中进行过四次或四次以上调查的国家作为研究样本，确保足够多的调查和充分的历史时长以全面考察主要国家信任水平的变化。具体测算方法与上文一致。

根据六轮世界价值观调查数据，本书剔除得到进行过四次及四次以上调查的样本国家有15个，分别为澳大利亚、智利、中国、印度、日本、墨西哥、尼日利亚、秘鲁、波兰、俄罗斯、南非、韩国、西班牙、土耳其、美国。在本书研究的样本国家中，从所处地区来看，同时包括欧洲、美洲、亚洲、非洲和大洋洲国家；从人均国民收入来看，同时包括高收入国家、高等中收入国家和低等中收入国家①，能够较为全面地反映世界不同地区、不同经济发展程度国家的信任水平概况。具体来看，欧洲国家4个（土耳其、波兰、西班牙和俄罗斯），美洲国家4个（秘鲁、智利、墨西哥和美国），亚洲国家4个（韩国、印度、日本和中国），非洲国家2个（尼日利亚和南非），大洋洲国家1个（澳大利亚）；高收入国家7个（智利、波兰、西班牙、韩国、美国、日本和澳大利亚），高等中收入国家6个（秘鲁、土耳其、墨西哥、南非、俄国和中国），低等中收入国家2个（尼日利亚和印度）。

从信任水平均值来看，在本书分析的样本国家中，中国信任水平均值最高，为0.5680；秘鲁的信任水平均值最低，仅为0.0760。大部分样本国家的信任水平均值低于0.5，即不足一半的受调查者认为"大多数人都是可以信任的"（见表2-5）。

---

① 根据世界银行（2016）的划分，人均国民收入在1025美元及其以下的国家为低收入国家（low income）；在1026~4035美元的国家为低等中收入国家（lower middle income）；在4036~12475美元的国家为高等中收入国家（upper middle income）；在12476美元及其以上的国家为高收入国家（high income）。

第二章 信任的界定及中国信任水平测度

表 2-5 六轮调查中主要国家的信任水平均值

国家	信任水平均值	所处地区	人均国民收入
秘鲁	0.0760	美洲	高等中收入
土耳其	0.1040	欧洲	高等中收入
智利	0.1845	美洲	高收入
尼日利亚	0.2022	非洲	低等中收入
墨西哥	0.2199	美洲	高等中收入
南非	0.2215	非洲	高等中收入
波兰	0.2366	欧洲	高收入
西班牙	0.2684	欧洲	高收入
俄罗斯	0.2934	欧洲	高等中收入
韩国	0.3161	亚洲	高收入
印度	0.3430	亚洲	低等中收入
美国	0.3749	美洲	高收入
日本	0.4107	亚洲	高收入
澳大利亚	0.4771	大洋洲	高收入
中国	0.5680	亚洲	高等中收入

资料来源：根据世界价值观调查数据库（WVS）计算得到。

在图 2-3 中报告了中国与其他主要国家信任水平的变化对比。可以看出，1990~2014 年，中国信任水平变化与澳大利亚、波兰、俄罗斯的信任水平变化类似，均在 1990~1995 年的调查中出现下降，此后呈现上升趋势。例如，中国信任水平由 1990~1994 年第一轮调查中的 0.6030 降低到 2005~2009 年调查中的 0.5241，而后增加到 2010~2014 年最后一轮调查中的 0.6444；俄罗斯由 1990~1994 年第一轮调查中的 0.3746 降低到后一轮调查中的 0.2394，并在 2010~2014 年的最后一次调查中出现提高，增加到 0.2923。

其他国家的信任水平变化则与中国的呈现各不相同的发展趋势。具体来看，虽然南非、韩国、印度国家的信任水平同样呈现先降低而后提高的整体趋势，但降低和上升的幅度更为明显。例如，南非的信任水平在 1981~1984 年的第一轮调查中为 0.2903，此后逐渐降低，直到1999~2004 年的调查中的最低值，仅为 0.1309，2010~2014 年的最后一次调查中又提高到 0.2363；印度的信任水平在 1990~1994 年的第一轮调查中为 0.3543，最低水平出现在 2005~2009 年的调查中，仅为 0.2328，继而又在 2010~2014 年的最后一次调查中增加到 0.3390。

智利、墨西哥、西班牙、尼日利亚国家的信任水平出现整体显著下降的趋势。例如，智利信任水平由 1990~1994 年第一轮调查中的 0.2270 降低到 2010~2014 年最后一轮调查中的 0.1277；在此期间，西班牙信任水平由 0.3102 下降到 0.1951，尼日利亚信任水平由 0.2321 降低到 0.1478。

日本、美国、秘鲁国家的信任水平没有明显变化，例如，美国信任水平的最高值为 2005~2009 年调查中的 0.3956，最低值为 1995~1998 年调查中的 0.3594。此外，土耳其国家的信任水平变动较大，几乎每轮调查结果与上一轮调查结果呈现显著相反的变化：土耳其的信任水平由 1990~1994 年第一轮调查中的 0.0998 大幅降低到第二轮调查中的 0.0549，在 1999~2004 年第三轮调查中又明显提高到 0.1929，而后又降低到最低水平 0.0478，以及提高到 2010~2014 年最后一轮调查中的 0.1243。土耳其信任水平的大幅变动可能与土耳其国内政治动荡有关。

通过考察中国信任水平的总体概况及其发展变化，横向对比中国信任水平与主要国家信任水平可知，中国信任水平总体较高，在世界范围内居第四位，仅低于挪威、瑞典和荷兰三个欧洲发达国家；针对中国的世界价值观调查显示，有 56.80%的受访者认为"大多数人都是可以信任的"，这也是少数 50%以上受访者选择"大多数人都是可以信任的"的国家。从中国信任水平与主要国家信任水平发展变化对比来看，中国信任水平呈现良好的发展态势，虽然中国信任水平在 1991~2009 年的四轮调查中出现下降且保持在较低水平，但在最近一轮的调查中出现提升并达到最高水平，表明中国信任水平保持较好的发展趋势，同时也表明国内经济发展和社会稳定取得一定成效。

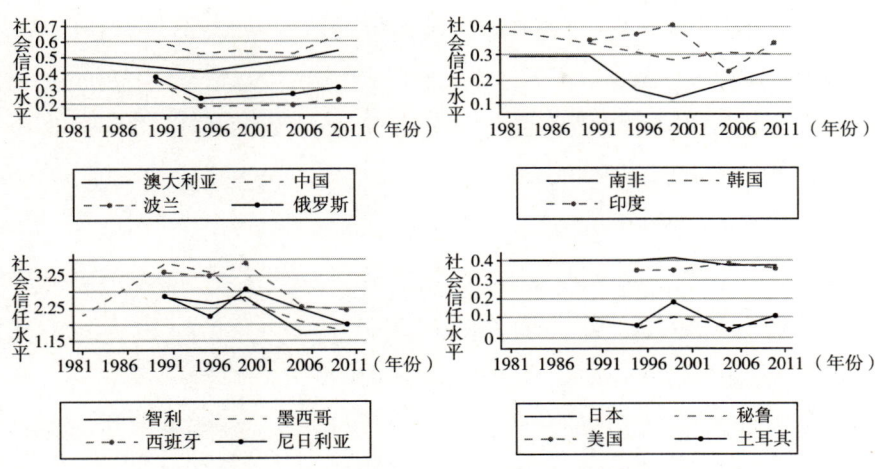

图 2-3 六轮调查中主要国家的信任水平的发展演变

第五节 本章小结

本章梳理了经济学框架下信任的基本界定,分析了信任产生的必要条件,信任与社会资本、制度、合作、信用等相关概念的关联,以及不同标准下信任的主要分类;在此基础上利用 1981~2014 年六轮世界价值观调查数据测算了中国和主要国家的信任水平,考察中国信任水平的总体情况及其发展变化,并将中国信任水平与世界其他国家的信任水平进行横向比较,以综合评价中国信任水平在世界范围内的整体地位和变化趋势。总体而言,中国信任水平总体较高,在世界范围内居第四位,也呈现出良好的发展趋势。对比当前报道中的中国存在严重的信任危机问题,应当积极理性地看待。

第三章

信任影响企业出口的理论框架

信任有助于出口贸易发展的事实已得到普遍关注。那么，信任如何影响企业出口？其作用机制是什么？本章在 Melitz（2003）异质性企业贸易模型的基础上，将信任（Trust）作为额外的出口固定成本引入模型中，构建信任通过降低交易成本进而影响企业出口的理论框架，分析信任在开放经济条件下提升时，交易成本降低，企业决定生产的临界生产率和进入出口市场的临界生产率如何变化，进而改变企业出口决策和出口贸易发展。

第一节 基本假设

对于消费者，假设市场存在 L 个消费个体，其偏好满足 CES 效用函数。一方面，消费个体将其劳动力投入产品的生产过程中，获得工资；另一方面，消费个体利用劳动所得购买最终产品，获得效用。

对于生产者，假设市场存在 M 个生产商，每个生产商只生产一种产品，且不同生产商生产不同的产品。此外，对于生产商而言，还应满足以下条件：①生产过程使用的要素投入只有来自消费者提供的劳动力；②市场属于不完全竞争市场，企业存在规模效应；③存在生产进入成本；④每个企业具有一定的垄断优势，企业利润最大化导致垄断利润趋于零；⑤企业在生产过程中，存在固定生产成本和可变生产成本；

⑥企业在进行贸易过程中,存在固定出口成本和可变出口成本。

与 Melitz(2003)异质性企业模型不同的是,本书进一步假设厂商在出口贸易过程中不仅面临"传统"的固定出口成本,同时存在由于宗教、习俗、语言、法律体系等不同而导致的信任成本 Trust;企业出口到不同国家面临的信任成本 Trust 相同,且主要产生于出口交易前期,因而可作为一项出口固定成本引入本章的模型中。

第二节 模型构建

一、消费者

本书假设代表性消费者的偏好满足 CES 型效用函数:

$$U = \left[\int_{\omega \in \Omega} q(\omega)^\rho d\omega \right]^{1/\rho} \tag{3-1}$$

其中,ω 表示连续的消费选择;Ω 表示消费者可以选择的所有商品集合,且所有商品之间是可以相互替代的,因此,ρ 需满足 $0<\rho<1$;此外,任何不同商品之间的替代弹性为 $\sigma = \frac{1}{1-\rho} > 1$。假定消费者行为能够通过其消费的系列商品总和 $Q \equiv U$ 及消费商品的总体价格 P 推导得知 (Dixit and Stiglitz,1977)。

$$P = \left[\int_{\omega \in \Omega} p(\omega)^{1-\sigma} d\omega \right]^{\frac{1}{1-\sigma}} \tag{3-2}$$

根据商品总和 Q 及总体价格 P 进而可推导得到消费者针对单个商品做出的最优消费决策(Optimal Consumption Decisions,OCD),即

$$q(\omega) = Q \left[\frac{p(\omega)}{P} \right]^{-\sigma} \tag{3-3}$$

由此进一步可反推出消费者用于消费每类商品的支出:

$$r(\omega) = R\left[\frac{p(\omega)}{P}\right]^{1-\sigma} \qquad (3-4)$$

其中，$R = PQ = \int_{\omega \in \Omega} r(\omega)\mathrm{d}\omega$，表示消费者总体支出。

二、生产者

假定市场存在系列生产商，且每个生产商选择生产不同的产品 ω。同时假定生产只需要劳动力这一种要素，其中，劳动力是代表整个经济规模的劳动力总量 L 的无弹性供给。企业生产技术由包含固定成本和可变成本的成本函数表示。根据 Melitz（2003）异质性企业模型，厂商面临固定生产成本和随着产量变化的可变成本。因此，劳动力的投入可用与固定生产成本和产量有关的线性函数表示：

$$l = f + \frac{q}{\varphi} \qquad (3-5)$$

假设同一国家所有生产商面临同样的固定成本 $f>0$，但不同生产商具有不同的生产率 $\varphi>0$。在不考虑企业生产率的情况下，每个生产商面临着不变弹性的剩余需求曲线（Residual Demand Curve），由此获得利润最大化时满足 $\frac{\sigma}{\sigma-1} = \frac{1}{\rho}$。据此可推导得到商品价格为：

$$p(\varphi) = \frac{w}{\rho\varphi} \qquad (3-6)$$

其中，w 表示工资水平，且被标准化为 1。因此，企业最终的利润函数变为：

$$\pi(\varphi) = r(\varphi) - l(\varphi) = \frac{r(\varphi)}{\sigma} - f \qquad (3-7)$$

其中，$r(\varphi)$ 表示企业收入，$\frac{r(\varphi)}{\sigma}$ 表示企业可变利润。$r(\varphi)$ 以及 $\pi(\varphi)$ 也取决于式（3-4）中的商品总体价格和消费者总体支出，即

$$r(\varphi) = R(P\rho\varphi)^{\sigma-1} \qquad (3-8)$$

$$\pi(\varphi)=\frac{r(\varphi)}{\sigma}-f=\frac{R}{\sigma}(P_{\rho\varphi})^{\sigma-1}-f \qquad (3-9)$$

此外，任意两个生产商的产出比值、收入比值只取决于各自生产率的比值，即

$$\frac{q(\varphi_1)}{q(\varphi_2)}=\left(\frac{\varphi_1}{\varphi_2}\right)^{\sigma};\frac{r(\varphi_1)}{r(\varphi_2)}=\left(\frac{\varphi_1}{\varphi_2}\right)^{\sigma-1} \qquad (3-10)$$

可以看出，相比生产率低的企业而言，生产率越高的企业（φ越大）企业规模一般越大（更高的企业产出和收入），产品售价越低，获得的利润越高。

三、总的生产集合

市场的均衡取决于所有生产商 M（根据每个企业只生产一种产品，且不同企业生产不同产品，市场上将存在 M 种产品）和范围在 $(0,\infty)$ 的生产率分布 $\mu(\varphi)$。因此，当市场达到均衡时，在公式（3-2）中的商品总体价格 P 可表示为：

$$P=\left[\int_0^\infty p(\varphi)^{1-\sigma}M\mu(\varphi)d\varphi\right]^{\frac{1}{1-\sigma}} \qquad (3-11)$$

结合公式（3-6）中的价格函数，可进一步推导得到：

$$P=M^{\frac{1}{1-\sigma}}p(\bar{\varphi}) \qquad (3-12)$$

其中

$$\bar{\varphi}=\left[\int_0^\infty \varphi^{\sigma-1}\mu(\varphi)d\varphi\right]^{\frac{1}{\sigma-1}} \qquad (3-13)$$

$\bar{\varphi}$ 表示企业生产率 φ 的加权平均值，且与生产商数量 M 无关。权重为具有不同生产率水平的生产商产出的相对产出份额。此外，由于 $\bar{\varphi}$ 包含了所有与生产率分布 $\mu(\varphi)$ 有关的总体变量信息，因此，$\bar{\varphi}$ 也能够反映总体生产率水平。由此可得：

$$P=M^{\frac{1}{1-\sigma}}p(\bar{\varphi}) \qquad R=PQ=Mr(\bar{\varphi})$$
$$Q=M^{1/\rho}q(\bar{\varphi}) \qquad \prod=M\pi(\bar{\varphi}) \qquad (3-14)$$

其中，$R=\int_0^\infty r(\varphi)M\mu(\varphi)d\varphi$、$\prod=\int_0^\infty \pi(\varphi)M\mu(\varphi)d\varphi$ 分别表示总收入（或消费者总支出）和总利润。因此，对于一个包含 M 个生产商的经济体而言，如果生产率分布 $\mu(\varphi)$ 能够使得生产率均值 $\bar{\varphi}$ 相同，该经济体将由于所有生产商 M 具有相同的生产率均值（$\varphi=\bar{\varphi}$）而实现相同的总体经济结果。

进一步假定 $\bar{r}=\dfrac{R}{M}$ 和 $\bar{\pi}=\dfrac{\prod}{M}$ 分别表示每个企业的平均收入和平均利润，同时也表示企业生产率均值为 $\varphi=\bar{\varphi}$ 的生产商的企业收入和企业利润。

四、企业的进入、退出

企业在决定进入市场之前，往往需要提前进行一定的投资，因而产生固定的进入成本 $f_e>0$，因此，可在生产率分布 $\mu(\varphi)$ 中确定某一生产率 φ，以判断企业的进入退出行为。在企业决定进入市场时，如果生产率较低，企业可能立马决定不生产而退出市场。一旦决定生产，企业将在每一期面临概率为 δ 的外部冲击而可能退出。虽然有不少实际例子说明，外部冲击而非生产率原因导致企业退出，例如，自然灾害、新的制度、消费者偏好大变等，同时也有不少企业由于外部冲击导致的生产率降低而最终选择退出市场。

由于每个生产商的生产率保持不变，其在每期的最优利润水平也将保持不变。因此，当企业最优利润水平为负时，生产率为 φ 的企业将选择退出市场并不再生产；当最优利润水平为正时（$\pi(\varphi)\geq 0$），企业将继续生产。由于 $\pi(0)=-f$ 为负值，则假定存在 φ^* 使得 $\pi(\varphi^*)=0$。该 φ^* 即为企业停止运营条件（Zero Cutoff Profitt Condition）。

由于市场上生产率均值 $\bar{\varphi}$ 取决于停止运营时的均衡生产率 φ^*，因此，根据公式（3-6），企业平均收入和利润水平均可表示为：

$$\bar{r}=r(\bar{\varphi})=\left(\dfrac{\bar{\varphi}(\varphi^*)}{\varphi^*}\right)^{\sigma-1}r(\varphi^*) \qquad \bar{\pi}=\pi(\bar{\varphi})=\left(\dfrac{\bar{\varphi}(\varphi^*)}{\varphi^*}\right)^{\sigma-1}\dfrac{r(\varphi^*)}{\sigma}-f$$

(3-15)

停止运营条件反映了每个生产商的平均收入和均衡生产率 φ^* 的关系：

$$\pi(\varphi^*)=0 \Leftrightarrow r(\varphi^*)=\sigma f$$

$$\Leftrightarrow \bar{\pi}=(\frac{\bar{\varphi}(\varphi^*)}{\varphi^*})^{\sigma-1}f-f \quad (3-16)$$

$$\Leftrightarrow \bar{\pi}=fk(\varphi^*)$$

其中，$k(\varphi^*)=(\frac{\bar{\varphi}(\varphi^*)}{\varphi^*})^{\sigma-1}-1=\frac{\bar{r}}{r(\varphi^*)}-1$，表示企业在平均生产率和均衡生产率 φ^* 时的收入差异比例。

第三节　封闭经济条件下的均衡

一、均衡的条件

市场静态均衡主要取决于各类不变的总体变量值，并当（φ^*，P，R）满足以下条件时，市场实现静态均衡：

$$\pi(\varphi^*)=0 \Leftrightarrow \bar{\pi}=fk(\varphi^*) \quad (3-17)$$

由于总体价格指数（P）、收入（R）和生产率水平（$\bar{\varphi}$）保持不变，其他对应的总体变量也均保持不变。因此，所有生产商 M 的均衡能够通过均衡的总体价格 $P=M^{\frac{1}{1-\sigma}}p(\bar{\varphi})=M^{\frac{1}{1-\sigma}}\frac{1}{\rho\bar{\varphi}}$ 推导得到。此外，市场静态均衡要求每一时期新的市场进入者 M_e 中成功的企业 $p_{in}M_e$ 能够恰好替代原有企业中由于外部冲击而选择退出的企业 δM，即 $p_{in}M_e=\delta M$。该等式也是总体均衡条件。由于成功进入市场的新企业和选择退出的原有企业具有相同的生产率分布，因此，生产率水平 $\mu(\varphi)$ 的均衡分布也不受这种同时发生的企业进入退出行为的影响。

当市场均衡时，企业总体收入等于支付给所有劳动力 L 的工资，且

L 由市场规模外生决定,因此,总体价格指数可被表示为:

$$P = M^{\frac{1}{1-\sigma}} p(\overline{\varphi}) = \left(\frac{R}{r}\right)^{\frac{1}{1-\sigma}} p(\overline{\varphi}) = \left(\frac{R}{\sigma(\overline{\pi}+f)}\right)^{\frac{1}{1-\sigma}} \frac{1}{\rho \overline{\varphi}(\varphi^*)} \quad (3-18)$$

这一条件,以及式(3-17)、$R = L$ 即可得出市场均衡时的 (φ^*, P, R)。

二、均衡的分析

由上文分析可知,当市场均衡时的生产率水平 φ^*,以及企业平均利润 $\overline{\pi}$ 均与市场规模 L 无关。因此,生产率水平的均衡分布 $\mu(\varphi)$ 和生产率平均水平 $\overline{\varphi}$ 也均与市场规模无关。此外,企业平均收入 $\overline{r}$ 也与市场规模无关,由此可推导得到市场中生产商的数量。

$$\overline{r} = \sigma(\overline{\pi}+f) \Rightarrow M = \frac{R}{\overline{r}} = \frac{L}{\sigma(\overline{\pi}+f)} \quad (3-19)$$

因此,小国和大国的企业具有相同水平的均衡生产率 φ^*、平均生产率 $\overline{\varphi}$、平均收入 $\overline{r}$ 和平均利润 $\overline{\pi}$。不同之处在于,大国具有与市场规模成比例的更多的企业,且与小国相对较少的企业具有完全相同的生产率范围 $[\varphi^*, \infty)$。

进一步地,每位员工的福利可表示为:

$$W = P^{-1} = M^{\frac{1}{\sigma-1}} \rho \overline{\varphi} \quad (3-20)$$

对于大国而言,企业数量增加,进而产品种类增多,员工的福利整体提高。

三、比较静态分析

随着贸易环境的不同,企业和产业水平将发生变化。例如,当固定生产成本 f 增加时,停止运营条件曲线(Zero Cutoff Profitt, ZCP)将向上移动,导致均衡时满足停止运营条件的生产率水平 φ^* 增加;一方面,生产率水平较低的原有企业可能由于无法再盈利而选择退出市场;另一方面，由于企业平均生产率$\bar{\varphi}$与均衡生产率φ^*满足正相关关系，因此，市场的整体生产率水平将随之提高，企业平均利润$\bar{\pi}$也将随之增加。然而，根据式（3-19），当固定生产成本f和企业平均利润$\bar{\pi}$增加时，生产商数量将降低，由于假定每个生产商只生产一种不同的产品，因此，产品种类将减少。

由公式（3-20）可知，产品种类减少与市场整体生产率水平提高将对消费者福利产生相反的影响。根据附录3的推导，产品种类减少对福利变化的影响大于市场整体生产率提高对福利变化的影响，因此，当固定成本增加时，对消费者福利产生负面的整体影响。

第四节 开放经济条件下的均衡

一、开放条件下的基本假定

一方面，假设不存在其他与贸易相关的成本，此时，每个国家将重复产生贸易后的经济结果：每个国家的消费者仍在同样的价格指数水平上获得同样的产品选择；生产者则表现为他们将产品销售于产生贸易后的综合市场；企业进入和停止运营条件也不会由于贸易的产生而发生变化。即贸易为封闭经济提供了类似于开放经济条件下的机会。正如前文提到，市场规模的变化对企业层面的变量不存在影响，因此，贸易也并不会影响市场实现均衡时的生产率φ^*、平均生产率$\bar{\varphi}$、平均收入$\bar{r}$和平均利润$\bar{\pi}$；与封闭经济条件相比，每个国家仍有同样数量的生产商，从事同样产量的生产、获得同样水平的利润。不同之处在于，特定国家的生产商将根据本国和国外市场的规模比例，将产品划分为用于国内销售和用于提供给国外消费者。因此，当贸易不存在额外成本时，企业生产率的异质性对贸易不存在影响；然而，尽管企业层面的变量不受贸易的影响，但消费者由于产品种类的增多而福利提高（Krugman，1980）。

另一方面，越来越多的研究表明，打算出口的企业不仅面临运输、关税等可变成本，同时面临不随贸易量改变的固定成本。由于企业异质性的存在，固定成本导致了即使在同一国家、同一行业，有些企业不出口而有些企业选择出口。Roberts 和 Tybout（1997）根据对企业经理的访谈发现，*差异化产品*（Differentiated Product）的出口企业面临着与出口市场进入相关的固定成本：出口企业必须了解国外市场情况，搜寻、筛选国外买方，将产品信息告知买方；必须调查国外规章制度和商业环境，根据国外检测、包装、标识等标准调整出口产品；必须在国外建立新的经销渠道、确保产品运输符合国外海关的相关规定。这类过程中产生的固定成本往往与出口贸易量无关，而与决定是否出口有关。

根据异质性企业贸易模型，出口企业通常在掌握其自身生产率情况后才会做出是否出口的决策。因此，本章假设有意出口的企业存在事先固定投资，且这项投资决策在企业得知生产率后才实际发生。此外，为简化分析，本章假定出口市场不存在其他的不确定性。因此，与出口贸易量有关的贸易成本作为冰山成本引入模型中。

基于 Melitz（2003）观点①，本书进一步假定出口企业不仅存在与贸易量无关的出口固定成本 $f_x>0$，同时存在由于宗教、习俗、语言、法律体系等不同导致的信任成本 Trust。需要注意的是，无论是否出口，企业仍存在相同的生产固定成本 f。

二、开放条件下的市场均衡

根据上文分析，每个企业在国内市场的定价满足：$p_d(\varphi)=\dfrac{w}{\rho\varphi}=\dfrac{1}{\rho\varphi}$。其中，$w$ 表示工资水平，且被标准化为1。出口企业在国外市场将设定一个更高的价格，以反映服务于国外市场而带来的更高的边际成本 τ：$p_x(\varphi)=\dfrac{\tau}{\rho\varphi}=\tau p_d(\varphi)$。因此，国内销售收入和出口到给定国家的出口销

---

① Melitz（2003）假设出口目的国是相同的，进而引入代表性出口目的国。

收入分别为:

$$r_d(\varphi) = R(P_{\rho\varphi})^{\sigma-1}; r_x(\varphi) = \tau^{1-\sigma} r_d(\varphi) \qquad (3-21)$$

其中,R 和 P 分别表示总支出和总价格指数;根据封闭条件下的市场均衡,R 也表示企业的总收入。因此,根据是否出口,企业收入可表示为:

$$r(\varphi) = \begin{cases} r_d(\varphi) & \text{企业不出口} \\ r_d(\varphi) + nr_x(\varphi) = (1+n\tau^{1-\sigma})r_d(\varphi) & \text{企业出口} \end{cases} \qquad (3-22)$$

如果部分企业不出口,则不存在一个包含所有商品的综合世界市场。此外,尽管假设每个国家的产品特征类似,但不同国家可消费的产品总数存在不同:每个国家的消费者都比其他国家要多接触本国非出口企业生产的产品。

三、企业进入、退出和出口选择

所有影响企业进入、退出和生产率水平的外生变量不会由于出口而改变。在进入市场之前,企业生产率满足相同的事前分布 $g(\varphi)$。成功进入的企业在每个时期都是以相同的生产率 φ 进行生产,且均面临相同概率的负面冲击 δ。生产率较低的企业,即使进入市场,但很快决定退出并停止生产。静态均衡时,生产率为 φ 的续存企业在每期可在出口销售中获得可变利润 $r_x(\varphi)/\sigma$。根据上文的假定,企业不仅面临 Melitz (2003) 模型中的出口固定成本 f_x,同时面临由于语言、习俗、宗教、法律体系等不同带来的信任成本 Trust。因此,本书在假设条件下,企业面临的固定出口成本总和将为 $f_x + trust$。

一般而言,不存在只进行出口而不销售于国内市场的企业[①],因此,每个出口企业的利润可分为来自国内市场销售 $\pi_d(\varphi)$ 和来自出口销售 $\pi_x(\varphi)$ 两部分。此外,进一步假定企业出口到不同国家的贸易成本是相同的,因此,企业在每一时期要么出口到所有国家,要么不出

---

① 由于关联的可变利润 $\dfrac{r_d(\varphi)}{\sigma}$ 总为正值,且企业固定的生产成本 f 已经发生,因此,同时在国内市场进行销售的出口企业能够获得更高的利润。

第三章 信任影响企业出口的理论框架

口。企业国内市场销售利润和出口销售利润可表示为：

$$\pi_d(\varphi) = \frac{r_d(\varphi)}{\sigma} - f \qquad \pi_x(\varphi) = \frac{r_x(\varphi)}{\sigma} - f_x - trust \qquad (3-23)$$

当出口销售利润 $\pi_x(\varphi)$ 为正值时，在国内市场进行销售的企业将出口到所有国家。每个企业的总利润可表示为：

$$\pi(\varphi) = \pi_d(\varphi) + \max[0, n\pi_x(\varphi)] \qquad (3-24)$$

与前文类似，企业的价值是其利润的当期价值，即 $v(\varphi) = \max\left[0, \frac{1}{\delta}\pi(\varphi)\right]$，且 $\varphi^* = \inf[\varphi : v(\varphi) > 0]$ 仍可以反映企业成功进入市场的临界生产率；$\varphi_x^* = \inf\{\varphi : \varphi \geqslant \varphi^* \text{ 且 } \pi_x(\varphi) > 0\}$ 则反映了企业是否出口的临界生产率。与 Melitz（2003）异质性企业贸易模型不同时，由于信任成本的 Trust 的引入，企业面临的固定出口成本总和①增加，因此，相比 Melitz（2003）模型中的结论，企业进入出口市场的临界生产率将增加（$\varphi_x^* > \varphi_x^{m*}$②），即贸易成本的增加，导致企业从事出口贸易的"门槛"提高，更多生产率较低的企业无法进入出口市场，进而导致出口贸易减少。

如果 $\varphi_x^* = \varphi^*$，那么所有企业将进行出口。在此情况下，具有临界生产率的企业获得的总利润将为 0，出口销售利润不为负，即 $\pi(\varphi^*) = \pi_d(\varphi^*) + n\pi_x(\varphi^*) = 0$，且 $\pi_x(\varphi^*) \geqslant 0$。如果 $\varphi_x^* > \varphi^*$，生产率在 φ^* 和 φ_x^* 之间的企业将只进行国内生产和销售。由于出口销售利润为负（$\pi_x(\varphi) < 0$），这些企业将只进行国内生产，从而获得非负的国内销售利润 $\pi(\varphi) = \pi_d(\varphi) \geqslant 0$。生产率大于 φ_x^* 的企业，能够从国内市场销售和出口销售均获得正利润，其临界生产率也满足 $\pi_d(\varphi^*) = 0$ 且 $\pi_x(\varphi_x^*) = 0$。需要注意的是，有且仅有 $\tau^{\sigma-1}(f_x + trust) > f$ 时，上文根据企业是否出口状态而划分国内外销售利润的情况才出现，即与固定生产成本相关的出口成本必须高于某一临界值。

---

① 引入信任成本 Trust 之后，企业不仅面临 Melitz（2003）模型中假设的固定出口成本 Probit，还面临贸易交流过程中的信任成本 Trust。因而，企业面临的固定出口成本总和增加。

② φ_x^{m*} 表示 Melitz（2003）模型中企业进入出口市场的临界生产率。

与此同时，续存企业的生产率的均衡分布 $\mu(\varphi)$ 由事前的生产率分布决定，并以企业成功进入市场为前提。因此，$\mu(\varphi) = \dfrac{g(\varphi)}{1-G(\varphi^*)}$，$\forall \varphi \geq \varphi^*$。其中，$pin = 1-G(\varphi^*)$ 表示企业成功进入市场的事前概率。进一步来看，$p_x = \dfrac{1-G(\varphi_x^*)}{1-G(\varphi^*)}$ 表示存续企业中决定进行出口的事前概率，同时表示企业进行出口时的事后划分（Ex-post Fraction）。假定 M 表示均衡时任意国家中续存企业的数量，则 $M_x = p_x M$ 则表示出口企业的数量，$M_t = M + nM_x$ 表示任意国家中的消费者能够购买到的产品种类或者任意国家中进行竞争的企业总数。

四、开放条件下的均衡条件

根据上文的分析，封闭经济达到均衡时，零利润临界条件反映了每个企业平均利润 $\bar{\pi}$ 和临界生产率水平 φ^* 的相关关系：

$$\begin{cases} \pi_d(\varphi^*) = 0 \\ \pi_x(\varphi_x^*) = 0 \end{cases} \Leftrightarrow \begin{cases} \pi_d(\bar{\varphi}) = f_k(\varphi^*) \\ \pi_x(\bar{\varphi}_x) = f_x k(\varphi_x^*) \end{cases} \quad (3-25)$$

其中，$k(\varphi) = \left[\left(\dfrac{\bar{\varphi}(\varphi)}{\varphi} \right)^{\sigma-1} - 1 \right]$。零利润临界条件说明 φ_x^* 可用 φ^* 的方程表示。

$$\dfrac{r_x(\varphi_x^*)}{r_d(\varphi^*)} = \tau^{1-\sigma} \left(\dfrac{\varphi_x^*}{\varphi^*} \right)^{\sigma-1} = \dfrac{f_x + trust}{f} \Leftrightarrow \varphi_x^* = \tau \left(\dfrac{f_x + trust}{f} \right)^{\frac{1}{\sigma-1}} \varphi^*$$

(3-26)

五、信任成本降低时的比较静态分析

1. 临界生产率的变化

令企业面临的固定出口成本总和为 $f_t = f_x + trust$。由于 Melitz（2003）模型中的固定出口成本 f_x 不变，因此，当信任成本 Trust 降低时，企业

面临的固定出口成本总和 f_t 也将减少。由附录 4 中的均衡条件

$$fj(\varphi^*) + n(f_x + trust)j(\varphi_x^*) = \delta f_e \text{ 和 } \varphi_x^* = \tau \left(\frac{f_x + trust}{f}\right)^{\frac{1}{\sigma-1}} \varphi^* \quad (3-27)$$

可得：

$$fj(\varphi^*) + nf_t j(\varphi_x^*) = \delta f_e, \text{ 且 } \varphi_x^* = \tau \left(\frac{f_t}{f}\right)^{\frac{1}{\sigma-1}} \varphi^* \quad (3-28)$$

对等式 $\varphi_x^* = \tau \left(\frac{f_t}{f}\right)^{\frac{1}{\sigma-1}} \varphi^*$ 求 f_t 的偏积分可得：

$$\frac{\partial \varphi_x^*}{\partial f_t} = \frac{\partial \varphi^*}{\partial f_t} \frac{\varphi_x^*}{\varphi^*} + \frac{1}{\sigma-1} \frac{\varphi_x^*}{f_t} \quad (3-29)$$

假定企业在得知其自身生产率后才做出是否出口的决定，且国内市场不存在其他不确定性。

进一步对等式 $fj(\varphi^*) + nf_t j(\varphi_x^*) = \delta f_e$ 求 f_t 的偏积分，并与式（3-28）结合可得：

$$\frac{\partial \varphi^*}{\partial f_t} = \frac{n[1 - G(\varphi_x^*)]}{fj'(\varphi^*) + nf_t j'(\varphi_x^*)(\varphi_x^*/\varphi^*)} \quad (3-30)$$

由于 $\forall \varphi, j'(\varphi) < 0$，因此 $\frac{\partial \varphi^*}{\partial f_t} < 0$，且

$$\frac{\partial \varphi_x^*}{\partial f_t} = \frac{-1}{nf_t j'(\varphi_x^*)} \left[nj(\varphi_x^*) + fj'(\varphi^*) \frac{\partial \varphi^*}{\partial f_t} \right] > 0$$

由此可知，当信任相关成本降低时，企业决定生产的临界生产率 φ^* 提高，而进入出口市场的临界生产率降低 φ_x^*，即当信任成本 Trust 降低时，企业面临的贸易机会越多，进而导致生产率最低的企业退出市场（φ^* 提高），但促使更多的新企业进入出口市场（φ_x^* 降低）；固定出口成本降低使得生产率较低的企业能够负担起出口贸易过程中额外的交易成本，因此，越多的企业能够从事出口贸易。综合来看，固定出口成本 Trust 越高，企业越不容易出口；固定出口成本 Trust 越低，企业越有可能出口。

2. 出口贸易额的变化

由上文分析可知,当信任成本 Trust 降低时,一方面,进入生产的临界生产率 φ^* 提高,生产率最低的部分企业最终选择退出市场,进而提高市场的总体生产率水平;另一方面,企业进入出口市场的临界生产率 φ_x^* 降低,固定出口成本的降使得出口贸易"门槛"下降,更多企业能够进行出口贸易。因此,整体来看,更多生产率水平更高的企业将进入出口市场,进而带来出口贸易的增长(Roberts et al.,1995)。由此可知,当信任成本 Trust 越低时,出口贸易额将增加。

第五节 本章小结

本章在 Melitz(2003)异质性企业贸易模型的基础上,假定出口企业不仅面临传统的固定出口成本和可变成本,还将面临由于宗教、习俗、语言、法律体系等不同而导致的信任相关成本 Trust,且作为出口固定成本引入模型框架中。由开放条件下的均衡和比较静态分析可知,当信任相关成本降低时,企业进入出口市场的临界生产率降低,即企业从事出口贸易的"门槛"降低,更多的企业选择进入出口市场,出口贸易额增加,进而促进出口贸易增长。

第四章

信任对中国企业出口行为选择的影响
——基于省级信任水平的视角

信任水平的高低影响企业运行效率,改变企业生产和出口行为决策。那么,国内不同省份的信任水平能否对企业出口行为选择产生影响?对不同类型企业的影响是否存在差异?本书利用中国综合社会调查数据测算中国28个省份的信任水平,并将此与中国工业企业数据合并形成两期面板数据,利用Probit模型、Heckman两阶段自选择模型实证检验中国省级层面的信任对中国企业出口行为选择的影响,并进一步分析该影响对不同性质企业、不同地区企业存在的差异。

第一节 中国省级信任水平的测度

本书在第二章节已利用世界价值观调查数据测算中国整体的信任水平,以考察中国信任水平的总体概况及发展演变,并将此与其他国家信任水平进行横向比较和综合评价。但在本书的实证过程中,出于样本量的考虑,利用中国综合社会调查数据测算了中国28个省份的信任水平,以实证检验国内信任水平对中国企业出口行为选择的影响。

中国综合社会调查(Chinese General Social Survey, CGSS)是中国最早的全国性、综合性、连续性的学术调查项目,由中国人民大学中国调查与数据中心负责开展。该项目从2003年起每年一次对中国大陆各省（自治区、直辖市）10000多户家庭进行连续性横截面调查，以从微观角度系统追踪中国社会变迁的整体趋势。其中，2003~2008年是CGSS项目的第一期，共完成5次年度调查（2007年没有执行）；2010~2019年是CGSS项目的第二期。截至2015年底，已完成5次年度调查。

中国综合社会调查考察了受调查者的信任情况，由于调查中有关信任的问答每年都存在一定差异，为统一测算信任水平程度的统计标准，本书使用了2003年和2005年的调查结果，测算了中国省级层面的信任水平。具体来看，在2003年的调查问卷中给出了关于对陌生人信任的问答："一般说来，您对现在社会上的陌生人是否信任？"给出的回答选项有①非常不信任、②不信任、③一般、④信任、⑤非常信任；2005年的调查中给出了类似的问答：在一般社会交往接触中，"您觉得陌生人中可以信任的人多不多呢？"回答选项有①绝大多数不可信、②多数不可信、③可信者与不可信者各半、④多数可信、⑤绝大多数可信。据此，本书利用不同省份的受调查者中选择③④⑤选项所占的比例来测算各省的信任水平。

表4-1给出了2003年与2005年28个省份信任水平的整体情况。可以看出，2003年信任水平水平最高的是广东省，为0.4479，即有44.79%的受访者选择回答"可信者与不可信者各半、多数可信或绝大多数可信"；其次信任水平较高的是江西、上海、福建和浙江，分别为0.3917、0.3894、0.3434、0.3286。2003年信任水平最低的省份是吉林省，仅为0.0917，说明仅有9.17%的受访者选择"可信者与不可信者各半、多数可信或绝大多数可信"；此外，贵州、甘肃、内蒙古和辽宁等省份的信任水平水平也较低。

2005年信任水平最高的是江西省，为0.5228，有超过一半的受访者认为，"可信者与不可信者各半、多数可信或绝大多数可信"；其次信任水平较高的是天津、山东、重庆和新疆，分别为0.4568、0.4144、0.4048、0.3205。信任水平较低的省份主要还是吉林、贵州、山西和黑龙江。

第四章　信任对中国企业出口行为选择的影响——基于省级信任水平的视角

表4-1　2003年和2005年各省信任水平的整体情况

年份 省份	2003	2005	年份 省份	2003	2005
广东	0.4479	0.2652	江苏	0.2278	0.2398
江西	0.3917	0.5228	重庆	0.2250	0.4048
上海	0.3894	0.1554	山西	0.2250	0.1205
福建	0.3434	0.1594	陕西	0.2132	0.2102
浙江	0.3286	0.1988	新疆	0.2125	0.3205
山东	0.3260	0.4144	云南	0.2000	0.1835
河北	0.2905	0.2450	黑龙江	0.1923	0.1548
海南	0.2833	0.2658	四川	0.1885	0.2511
湖北	0.2708	0.2940	辽宁	0.1781	0.2077
湖南	0.2599	0.2012	内蒙古	0.1750	0.1595
天津	0.2556	0.4568	甘肃	0.1727	0.2379
河南	0.2536	0.2462	贵州	0.1655	0.1061
北京	0.2506	0.2219	吉林	0.0917	0.0952
安徽	0.2489	0.2050	均值	0.2519	0.2408
广西	0.2458	0.1975			

注：根据中国综合社会调查数据库计算得到；香港地区、中国台湾、西藏、青海和宁夏数据未统计。

从整体来看，2003年中国各省信任水平的均值为0.2519，2015年中国各省信任水平的均值降为0.2408。这一趋势与上文利用世界价值观调查数据计算得到的中国信任水平的变化趋势基本一致①。从各个省份的变化来看，一方面，首先是上海市的信任水平由2003年的0.3894降到2005年的0.1554，降幅高达60.10%；其次是福建、广东、浙江，这些省份的信任水平均显著降低；另一方面，天津、重庆、江西和新疆的信任水平水平则明显改善，如天津市信任水平由2003年的0.2556增加到2005年的0.4568，新疆的信任水平由2003年的0.2125提高到

---

① 根据世界价值观调查数据，中国信任水平在第四轮调查（1999~2004年）中为0.5452，在第五轮调查中降为0.5241。虽然根据不同调查数据计算得到的中国信任水平绝对值不同，但变化趋势基本一致。

2005 年的 0.3205。

第二节 数据及变量说明

一、数据说明

本书利用中国综合社会调查测算中国 28 个省份的信任水平，将此与中国工业企业数据匹配形成两期面板数据，以实证检验国内信任水平对中国工业企业出口行为选择的影响。其中，中国工业企业数据库是企业出口相关变量的主要来源。

中国工业企业数据库由中国国家统计局负责建立，根据样本企业的季度和年度报告汇总获得企业层面的统计变量；其样本范围包括所有国有企业和年主营业收入在 500 万元及以上的非国有工业企业，因而也被称为"全部国有及规模以上非国有工业企业数据库"，并涉及"采掘业""制造业""电力、燃气及水的生产和供应业"三大门类的工业企业。

中国工业企业数据库是当前最全面、信息最丰富的企业数据库，从微观层面统计了企业基本情况和企业财务情况的两大类信息。其中，企业基本情况包括"企业代码、企业名称、法人代表、具体地址、联系电话、邮政编码、所属行业、注册类型、隶属关系、开业年份"等指标；企业财务情况包括"流动资产、应收账款、长期投资、固定资产、实收资本、折旧、营业收入、营业费用、利税总额、研发费用、工业中间投入、工业总产值、出口交货值"等指标，累计 130 余个。目前被广泛使用的主要是 1999~2007 年的数据，每年的样本企业数量由 1999 年的大约 16 万家逐年增加到 2007 年的 33 万家①（聂辉华等，2012）。

---

① 聂辉华，江艇，杨汝岱. 中国工业企业数据库的使用现状和潜在问题 [J]. 世界经济, 2012 (5): 142-158.

第四章 信任对中国企业出口行为选择的影响——基于省级信任水平的视角

本书使用了 2003 年和 2005 年①的中国工业企业数据库,并对原始数据进行了如下处理:删除出口交货值大于销售产值的样本;删除职工人数、工业总产值、资产总数低于 0 的样本;删除固定资产年余额大于资产总数的样本;删除其他不合理的样本;在获得样本数据后,利用"出口交货值"是否为 0 确定企业是否存在出口行为。表 4-2 报告了 2003 年、2005 年中国工业企业中出口企业的基本分布。

表 4-2 2003 年和 2005 年中国工业企业的分布概况

类别 年份	出口企业		非出口企业		企业总数 (万家)
	总数(万家)	占比(%)	总数(万家)	占比(%)	
2003	49279	26.610	135923	73.390	185202
2005	74261	28.220	188872	71.780	263133

资料来源:根据中国工业企业数据库计算得到。

二、变量说明

本书利用 2003 年和 2005 年的中国综合社会调查数据测算得到中国省级层面的信任水平,并将此与相应年份的中国工业企业数据匹配,获得企业层面的两期面板数据,进而实证检验信任水平对中国企业出口行为选择的影响。实证过程涉及的主要变量有:

1. 关键变量

(1) 企业是否出口 dum_ex。本书根据中国工业企业数据库中"出口交货值"确定"企业是否出口"这一虚拟变量的赋值:如出口交货值为 0,则企业不出口,dum_ex 赋值为 0;反之,出口交货值不为 0,则企业存在出口,dum_ex 赋值为 1。

(2) 信任水平 Trust。本书利用中国综合社会调查数据库中选择相

---

① 本章可获得 2003 年和 2005 年的省级信任水平数据,为保持一致,中国工业企业数据也选取这两年。

信陌生人的受访者人数占受访者总数的比例测算了各省的信任水平。为统一测算的统计标准，本书使用了 2003 年和 2005 年的调查数据，分别测算了 2003 年、2005 年各省的信任水平。信任对企业出口行为选择存在重要影响，具体表现为：

首先，较高的信任水平有效降低交易成本，改善企业运行效率。信任水平较高时，企业在建立商业合作过程中的搜寻、缔约、合约执行和管理成本降低，甚至可以利用信任代替合作监管，因此，企业能够将更多的人力、财力资源用于新产品的研发创新、用于开发回报率更高的合作模式，企业分工更专业化，企业盈利能力越高，越具有成本优势，进而为企业选择从事出口贸易提供基本条件。

其次，较高的信任水平有助于减少信息分享中的不确定性，带来更多的合作机会。一方面，较高的信任水平有利于行业间、企业间的信息分享，降低沟通成本，带来更灵活的合作形式和更高的盈利；另一方面，较高的信任水平水平鼓励企业寻找新的合作机会，尤其是当现有合作伙伴消极推进合作进展，甚至当出现单方面违约时，较高的信任水平鼓励企业积极寻找新的合作伙伴，建立新的合作关系，有助于企业生产经营的顺利进行，为企业进一步开展出口贸易提供更多可能。

最后，较高的信任水平促进政府及相关部门的运行和管理。信任水平是非正式制度的重要组成部分。企业从投资建厂、生产经营、到出口备案登记等均需要与相关政府部门打交道，当信任水平水平较高时，经济社会的整体制度体系也相对更好，从商环境和商业惯例等也更好，企业从事生产经营所需的中间环节将更少、相关成本更低、监管效率更高，企业参与出口贸易因而也变得更容易。

因而，可以预期信任水平越高的省份，其企业选择出口的可能性更大。

2. 其他控制变量

除本章重点关注的变量"信任水平"之外，在回归过程中，本章还考虑了可能影响企业是否出口的其他控制变量。具体包括：

(1) 企业层面。

1) 企业年龄 age。企业年龄越大，表明企业在市场竞争中存续的时间越久，更具有生产经营的能力和经验，企业往往也更有竞争优势，更倾向于选择出口。本书利用"样本年份（2003/2005）—开业年份"计算企业年龄。

2) 企业规模 size。一般而言，企业规模越大，平均生产成本越小，越容易实现规模优势，出口竞争力越强。本书利用名义工业总产值作为企业规模的代理变量①（申萌等，2015），并取其对数形式。

3) 企业全要素生产率 tfp。根据 Melitz（2003）异质性企业贸易模型，企业生产率是决定企业出口行为的关键变量。只有生产率足够高的企业，才能抵消出口贸易过程中增加的额外成本，进而选择从事出口贸易。本书基于 ols 方法计算出企业的全要素生产率（TFP）以测度企业生产率。其中，以工业增加值衡量企业产出，以当年平均职工人数衡量劳动力投入，以固定资产当年余额衡量资本投入（具体计算过程见附录5）。

4) 企业利润率 ROE。企业盈利能力越强，越可能选择出口贸易。本书利用股本回报率作为衡量企业盈利能力的指标，并根据"股本回报率"的定义，利用"股本回报率=营业利润/实收资本"算得相应数据②。

5) 资本密集度 K。长期以来，中国企业在劳动密集型产品上具有较强的出口竞争优势，资本密集型的企业往往不容易出口；但随着中国出口贸易结构的升级和完善，越来越多的资本密集型企业参与出口贸易，中国出口产品也逐渐由劳动密集型产品为主过渡到资本密集型和技术密集型为主。因此，对于中国企业而言，理论上无法明确判断资本密集型企业是否更倾向于出口。本书利用"固定资产当年余额/年均职工人数"计算企业的资本密集度。

6) 融资约束 finance。企业在生产经营过程中需要足够的资金保

---

①② 申萌，曾燕萍，曲如晓. 环境规制与企业出口：来自千家企业节能行动的微观证据[J]. 国际贸易问题，2015（8）：43-50.

障，融资约束越来越成为中国企业是否选择出口的主要因素：企业融资越容易、融资成本越低，越有可能进行持续生产、增加研发投入、开展出口贸易等活动；反之，融资约束越大，企业越难克服出口贸易过程中额外的固定成本和可变成本①（于洪霞等，2011），越不容易出口。本书利用"企业应收账额/销售额"衡量企业的融资约束程度。

7）税收压力 tax。缴纳各类税费是企业在生产经营过程中一项重要的成本支出，纳税压力越大，企业营利的空间就越小，进而越不容易获得出口竞争优势。本书利用企业面临的增值税率衡量企业的税收压力，并利用"企业应付增值税/企业工业增加值"计算相应数据②（施炳展，2012）。

8）国有资本、港澳台资本、外资资本占企业实收资本的比重 capital。一般而言，国有资本越多的企业，通常在国内市场竞争中能够得到更多的政策保护和优惠，具有一定的垄断力量而越不容易出口；而港澳台资本和外资资本越多的企业，越有可能是利用中国劳动力和价格优势进行生产，越有可能从事出口贸易。本书分别利用企业实收资本中国有资本、港澳台资本和外资资本所占比重测算。

9）是否具有新产品产出 new。一般而言，越具有竞争优势的企业才有足够的人才和资金等资源用于研究开发新产品，这样的企业往往也更具有出口优势。本书利用企业新产品产值判断企业是否具有新产品产出。其中，企业新产品产出不为 0，则 new 赋值为 1；反正，赋值为 0。

10）是否国有企业 dum_ state。国有企业是国民经济发展的重要支柱，主要用于生产有关国计民生的产品，在国内市场竞争中也往往具有垄断优势，因而更不容易出口。本书根据中国工业企业数据库中企业注

---

① 于洪霞，龚六堂，陈玉宇. 出口固定成本融资约束与企业出口行为 [J]. 经济研究，2011（4）：55-67.
② 施炳展：补贴对中国企业出口行为的影响——基于配对倍差法的经验分析 [J]. 财经研究，2012（5）：70-80.

第四章 信任对中国企业出口行为选择的影响——基于省级信任水平的视角

册类型判断企业是否为国有企业。具体而言，注册类型为110，企业为国有企业，赋值为1；反之，赋值为0。

11) 是否位于东部地区 dum_east。一般而言，位于东部沿海地区的企业由于地理位置、政策优惠等优势而更可能进行出口贸易。本书根据1986年的划分标准①，将中国各省划分为东、中、西地区，并将位于东部省份的企业赋值为1，位于其他地区的企业赋值为0。

(2) 行业层面。

行业资本密集度 ind_K：随着中国出口结构由劳动密集型产品为主向资本和技术密集型产品过度，资本密集型行业越有可能是主要的出口行业。本章利用"行业固定资产余额/行业就业人数"算得行业资本密集度。

(3) 地区层面。

1) 各省人均GDP gdp_capita。人均GDP是反映经济发展水平的重要指标，一般而言，人均GDP越高，参与进出口贸易的可能性越大。

2) 各省人力资本水平 pro_L。一方面，中国出口长期以加工贸易为主，对劳动力素质要求较低；另一方面，随着中国劳动力比较优势的弱化，人力资本水平越高，企业生产率越高，进而更容易出口。本书利用"各省大专及以上学历人数/6岁及以上人口总数"衡量各省的人力资本水平。其中，2003年数据来自2003年人口变动情况抽样调查样本数据，抽样比为0.982‰；2005年数据来自全国和各地区1%人口抽样调查主要数据公报。

3) 各省固定资本投资水平 pro_K。一般而言，固定资本投资越高的省份，越鼓励当地企业从事出口贸易。本书利用"各省固定资产投资/各省GDP"衡量各省的固定资本投资水平。

---

① 东部地区包括北京、天津、河北、辽宁、上海、江苏、浙江、福建、山东、广东和海南11个省（市）；中部地区包括山西、内蒙古、吉林、黑龙江、安徽、江西、河南、湖北、湖南、广西10个省（区）；西部地区包括四川（含重庆）、贵州、云南、西藏、陕西、甘肃、青海、宁夏、新疆9个省（区）。

4）各省外资引进水平 fdi。外资引进水平越高的省份，对外经济贸易发展水平往往越高，企业更容易进行出口贸易；同时，外资引进越多，在当地投资建厂进行出口贸易生产的外资企业也可能越多。本书利用"各省外商投资总额/各省 GDP"衡量各省的外资引进水平。

在以上变量中，企业层面和行业层面变量的数据主要来自 2003 年和 2005 年的中国工业企业数据库；地区层面变量的数据主要来自 2003 年和 2005 年的《中国统计年鉴》。表 4-3 给出了主要变量的描述性统计。

表 4-3　主要变量的描述性统计

指标	主要变量	测度方法	样本量	均值	最小值	最大值
dum_ex	是否出口	出口交货值不为 0，赋值 1；反之 0	448335	0.275	0	1
$trust$	省级信任水平	选择相信陌生人的受访者占比	448335	0.268	0.091	0.522
1. 企业层面控变量						
age	企业年龄	样本年份—开业年份	448251	9.669	0	405
$size$	企业规模	工业总产值，取对数	448335	9.947	0	18.749
tfp	企业生产率	基于 ols 方法算得的全要素生产率	445999	3.815	-7.380	12.206
ROE	企业利润率	营业利润/实收资本	444073	6.237	-51574	1598519
K	资本密集度	固定资产年余额/年均职工数	448326	1.460	-0.616	25301
$finance$	融资约束	企业应收账额/销售额	448130	2.504	-40.175	67880
tax	税收压力	应付增值税/工业增加值	448335	0.154	-39.431	524
cap_state	国有资本占比	国有资本/实收资本	444073	0.088	-1.916	1
cap_hk	港澳台资本占比	港澳台资本/实收资本	444073	0.080	0	1
$cap\_foreign$	外资资本占比	外资资本/实收资本	444073	0.075	-0.003	1

续表

指标	主要变量	测度方法	样本量	均值	最小值	最大值
new	是否具有新产品	新产品产出不为0，赋值1；反之0	448335	0.082	0	1
dum_state	是否国有企业	注册类型为110，赋值1；反之0	448335	0.076	0	1
dum_east	是否位于东部地区	所在省份为东部，赋值1；反之0	448335	0.713	0	1
2. 行业层面控制变量						
ind_K	行业资本密集度	行业固定资产余额/行业职工人数	448335	1.025	0.208	7.898
3. 地区层面控制变量						
gdp_capita	各省人均GDP	GDP/人口总数	448335	0.183	0.036	0.514
pro_L	各省人力资本水平	大专及以上学历人数/6岁及以上人数	448335	0.062	0.018	0.244
pro_K	各省固定资本投资	固定资产投资/GDP	448335	0.441	0.192	5.633
fdi	各省外资引进水平	外商投资总额/GDP	448335	0.082	0.006	1.979

第三节 实证结果及分析

本书在实证回归中的因变量为"企业是否出口"的二值变量，因此，本书利用Probit模型估计作为基准回归；同时考虑企业零贸易额的问题，进一步使用Heckman两阶段自选择模型回归结果作为对照。

一、基于Probit模型的回归

本书在实证回归中的因变量为"企业是否出口"的二值变量，因此，除了利用基于普通最小二乘法（ols）的回归方法之外，本书主要使用基于Probit模型的回归。对于离散选择变量，通常使用Probit或

logit 模型，两者的主要区别在于对误差项的假设不同，但回归结果本质上并没有区别，考虑到本书数据量大，使用 Probit 模型的回归结果相对更为精准，因此，在基准回归中，本书主要使用了 Probit 模型，并将此与基于 ols 模型的回归结果进行稳健性对比。

具体实证模型如下所示：

$$\begin{aligned} P(dum\_ex_{fspt}=1) = & \varphi_0 + \varphi_1 trust_p + \varphi_2 age_f + \varphi_3 size_f + \varphi_4 tfp_f + \varphi_5 ROE_f + \\ & \varphi_6 K_f + \varphi_7 finance_f + \varphi_8 tax_f + \varphi_9 cap\_state_f + \varphi_{10} cap\_hk_f + \\ & \varphi_{11} cap\_foreign_f + \varphi_{12} new_f + \varphi_{13} dum\_state_f + \varphi_{14} dum\_east_f + \\ & \varphi_{15} ind\_K_s + \varphi_{16} gdp\_capita_p + \varphi_{17} pro\_L_p + \varphi_{18} pro\_K_p + \varphi_{19} \\ & fdi_p + \xi_t + \xi_s + \xi_p + \varepsilon_f \end{aligned} \quad (4-1)$$

其中，dum_ex_{fspt} 表示位于 P 省份、S 行业的企业 f 在时间 t 是否出口；trust 表示省级层面的信任水平；企业层面的控制变量 age、size、tfp、ROE、K、finance、tax、cap_state、cap_hk、cap_foreign、new、dum_state 和 dum_east 分别表示企业年龄、企业规模、企业生产率、企业利润率、企业资本密集度、融资约束、税收压力、国有资本占比、港澳台资本占比、外资资本占比，以及虚拟变量是否具有新产品产出、是否国有企业和是否位于东部地区；行业层面的控制变量 ind_K 表示行业资本密集度；地区层面的控制变量 gdp_capita、pro_L、pro_K 和 fdi 分别表示各省人均 GDP、人力资本水平、固定资本投资水平和外资引进水平；ξ_t、ξ_s 和 ξ_p 分布表示年份固定效应、行业固定效应和省份固定效应；φ_0 表示常数项；ε_f 表示误差项；φ_{1-19} 表示各变量的回归系数值。

表 4-4 报告了基于 Probit 模型和混合 ols 模型的回归结果。具体来看，表 4-4 第（1）、（2）、（3）列是基于 Probit 模型的回归结果。其中，第（1）列只包括"信任水平"这一关键变量，可以看出，回归系数为 1.018，并在 1% 的水平上统计显著，即省级信任水平每增加 1 单位，中国工业企业选择出口的概率增加 1.018 单位。这一结果表明，信任水平越高，企业进行出口贸易的可能性越大。

第（2）列同时考虑了企业层面的控制变量，信任水平的估计系数为 0.281，且在 1% 的水平上显著，表明信任水平对中国企业出口选择存在显著的正向影响。对于其他控制变量，企业年龄和企业规模的回归系数分别为 0.004、0.141，且均在 1% 的水平上显著，说明企业年龄越大、企业规模越大，越具有生产经营的经验和优势，越容易获得规模经济以及出口竞争优势，进而越倾向于从事出口贸易。企业生产率的系数显著为负（-0.209），说明生产率越高，企业反而不倾向于进行出口。这一结果与 Melitz（2003）异质性企业贸易理论的结论相悖，但对于中国企业而言，长期以来，由于中国出口以加工贸易生产为主，生产率越高的企业更集中于国内市场，而从事出口的企业多是由外资主导的加工贸易企业，这类企业的生产率普遍较低。因此，对于中国企业而言，生产率越高的企业，越少进行出口贸易。企业利润率的回归系数为 0.821，且在 5% 的水平上显著，说明企业盈利能力越强，越有可能抵消出口贸易过程中产生的额外交易成本，因而越倾向于选择出口。此外，由于融资约束和税收压力影响企业生产经营所需的资金要求和生产成本而对企业是否选择出口存在显著的负向影响（回归系数分别为 -85.745、-0.007）。在企业实收资本中，国有资本比重越大，在国内市场越具有垄断优势，因而越不倾向于出口（回归系数为 -0.223），国有企业也存在类似结果（回归系数为 -0.304）；而港澳台资本和外资资本占比越高的企业，越倾向于从事出口（回归系数分别为 1.241、1.313）。此外，具有新产品产出的企业和位于东部地区的企业，也越可能进行出口贸易（回归系数分别为 0.891、0.521）。

第（3）列进一步加入行业层面和地区层面的控制变量，并在回归中控制了年份、行业和地区固定效应。可以看出，变量"信任水平"的估计系数为 0.069，且在 10% 的水平上显著，再次验证了信任水平提高有利于增加企业选择进行出口贸易的可能。对于企业层面的控制变量，其回归系数的符号和显著性基本一致，不同变量对企业是否出口的影响没有本质变化；对于行业层面的控制变量，行业资本密集度的回归系数为 -0.747，且在 5% 的水平上显著，表明行业资本密集度越高，企业越不倾向于从事出口贸易。长期以来，中国劳动力丰裕，中国出口产品以劳动密集型产品为主，如纺织品、鞋帽等，因此，在样本期间，行业资本密集度越高的企业，越不倾向于出口。而地区层面的变量，在控制地区固定效应的情况下，人均 GDP、人力资本水平、固定资产投资水平以及外资引进水平均对微观企业是否选择出口均不存在显著影响。

第（4）、（5）、（6）报告了混合 ols 回归结果。对比发现，信任水平的估计系数均显著为正，说明了信任水平对企业是否出口的正向作用是稳健的；此外，企业层面控制变量、行业层面控制变量及地区层面控制变量的系数与基于 Probit 模型的回归结果基本一致，再次验证了本书实证检验的有效性。

表 4-4 基于 Probit 和混合 ols 模型的回归结果

因变量：企业是否出口	Probit 回归			混合 ols 回归		
	（1）	（2）	（3）	（1）	（2）	（3）
信任水平	1.018*** (0.021)	0.281*** (0.025)	0.069* (0.033)	0.342*** (0.007)	0.061*** (0.006)	0.021** (0.011)
1. 企业层面变量						
企业年龄		0.004*** (0.0002)	0.005*** (0.0002)		0.001*** (0.00005)	0.001*** (0.00005)
企业规模		0.141*** (0.002)	0.267*** (0.003)		0.057*** (0.001)	0.061*** (0.001)
企业生产率		-0.209*** (0.002)	-0.158*** (0.003)		-0.047*** (0.001)	-0.038*** (0.001)
企业利润率		0.821** (0.416)	1.112** (0.498)		0.094*** (0.013)	0.117*** (0.016)
资本密集度		-3.319 (2.797)	0.244 (0.391)		-0.276** (0.129)	-0.121 (0.075)
融资约束		-85.745*** (17.762)	-67.741*** (14.763)		-0.031 (0.024)	0.003 (0.021)
税收压力		-0.007* (0.004)	-0.013** (0.005)		-0.003*** (0.001)	-0.002*** (0.001)

第四章 信任对中国企业出口行为选择的影响——基于省级信任水平的视角

续表

因变量： 企业是否出口	Probit 回归			混合 ols 回归		
	（1）	（2）	（3）	（1）	（2）	（3）
国有资本占比		-0.223*** (0.014)	-0.034** (0.016)		-0.055*** (0.000)	-0.001 (0.003)
港澳台资本占比		1.241*** (0.008)	1.063*** (0.009)		0.438*** (0.003)	0.359*** (0.003)
外资资本占比		1.313*** (0.009)	1.311*** (0.009)		0.463*** (0.003)	0.433*** (0.003)
是否具有 新产品产出		0.891*** (0.008)	0.853*** (0.008)		0.310*** (0.003)	0.268*** (0.003)
是否国有企业		-0.304*** (0.016)	-0.258*** (0.017)		-0.043*** (0.003)	-0.025*** (0.003)
是否位于东部地区		0.521*** (0.005)	4.010 (2.836)		0.110*** (0.001)	0.028 (0.104)
2. 行业层面变量						
行业资本密集度			-0.747** (0.360)			-0.039 (6.056)
3. 地区层面变量						
各省人均 GDP			0.689 (2.210)			0.129 (0.390)
各省人力资本水平			1.352 (6.565)			-0.289 (1.633)
各省固定资本 投资水平			-1.197 (2.124)			-0.172 (0.107)
各省外资引进水平			-28.401 (19.394)			0.226 (0.307)
年份固定效应	不是	不是	是	不是	不是	是
行业固定效应	不是	不是	是	不是	不是	是
地区固定效应	不是	不是	是	不是	不是	是
样本量	448335	441747	441747	448335	441747	441747
R^2	0.004	0.191	0.293	0.005	0.232	0.318

注：***、**、* 分别表示1%、5%、10%的显著性水平；括号内为稳健标准误。

二、基于 Heckman 选择模型的回归

由于零贸易量的存在，直接利用 Probit 或 ols 方法估计信任水平对企业出口行为选择的影响会产生样本选择偏误的问题。解决该问题常用的方法是换用 Heckman 两阶段自选择模型进行回归。为此，本书进一步采用 Heckman 选择模型对信任水平如何影响中国企业出口行为选择进行实证检验。该方法的主要原理是：首先，利用 Probit 模型估计中国企业是否出口的决策方程，即企业选择从事出口贸易的概率估计，由此计算得到逆米尔斯比率（Inverse Mills Ratio）；其次，将逆米尔斯比率的估计值作为新的控制变量引入企业出口额方程中，进而估计企业出口的影响因素。

根据 Heckman（1979），本书设定如下两个估计方程：

$$\text{export}_f = \varphi_0 + \varphi X + \varepsilon_f \tag{4-2}$$

$$dum\_ex_f = \delta_0 + \varphi Z + \lambda_f \tag{4-3}$$

其中，公式（4-2）为企业出口量的决定方程，公式（4-3）为企业是否出口的决策方程。根据 Heckman（1979）的观点，公式（4-2）和公式（4-3）是相互关联的，且误差项 ε_f 和 λ_f 服从联合正态分布。在公式（4-2）中，export_f 表示企业 f 的出口量；X 表示影响企业出口量的控制变量；φ_0、ε_f 分别表示常数项和误差项。需要注意的是，当企业不出口时（$dum\_ex_f = 0$），企业的出口量 export_f 设定为缺失值①；当企业选择出口时（$dum\_ex_f = 1$），企业出口量 export_f 为正值。在公式（4-3）中，dum_ex_f 表示企业是否出口，当企业出口交货值为正值时，$dum\_ex_f = 1$，企业出口交货值为零值时，$dum\_ex_f = 0$；Z 表示决定企业是否从事出口贸易的控制变量，这些变量可以与 X 变量相同，但应至少含有一个 X 中没有的变量；δ_0、λ_f 分别表示常数项和误差项。

---

① 如果将企业不出口时（$dum\_exf = 0$）的出口贸易量（export_f）设定为 0，则 Heckman 选择模型的估计结果与 Probit 模型结果一致，因而无法解决样本选择偏误的问题。

第四章 信任对中国企业出口行为选择的影响——基于省级信任水平的视角

1. 基于 Heckman 选择模型的基准回归

表4-5报告了基于 Heckman 选择模型的回归结果，并重点报告了在选择模型中关于企业是否出口的影响因素。对于企业是否出口，回归结果显示信任水平的估计系数显著为正，表明信任对企业出口行为决策存在显著的正向作用。具体来看，第（1）列在选择模型中只加入各省信任水平的变量，回归系数为1.019，且在1%的水平上统计显著，表明信任水平每增加1单位，企业选择出口的概率显著提高1.019。

第（2）列进一步考虑了可能影响企业是否出口的企业层面的控制变量。估计结果显示，对于信任水平而言，虽然系数值减小了，但正负号和显著性水平未发生本质改变，说明信任水平与企业是否出口存在显著正相关，即位于信任水平越高的省份的企业，其选择从事出口贸易的概率越大。对于其他控制变量，估计结果与基于 Probit 模型和混合 ols 模型的估计结果基本一致：年龄越大、规模越大的企业越有可能选择从事出口贸易（回归系数分别为0.003和0.221）。而企业生产率越高，以及资本密集度越高的企业，选择进行出口的概率反而越小，这一结果与中国出口长期以来以加工贸易及劳动密集型产品为主有关。因此，在样本期间，选择出口的企业生产率反而低于用于国内市场生产的企业生产率，资本密集型的企业也往往不如纺织品、鞋帽等劳动密集型的企业更偏向于选择从事出口贸易。变量"融资约束、税收压力"的回归系数显著为负，说明融资和税收问题阻碍了企业进行出口，这一结果反映了大多数中国企业面临的现实困境，即融资困难和税费的负担是企业进一步发展的障碍。

对于实收资本中国有资本、港澳台资本和外资资本的占比，国有资本占比越多的企业，选择出口的概率越小（回归系数为-0.297），这一结果与国有企业越不容易进行出口的结果一致（是否为国有企业的回归系数为-0.322）；港澳台资本和外资资本占比越高的企业，从事出口贸易的概率越大，这一结果与外资企业多利用中国充裕的劳动力优势而从事加工贸易出口的事实相符。在虚拟变量中，企业具有新产品产出，说明企业有足够的规模、资金和人才等条件进行研究开发和创新活动，因而选择进行出口贸易的概率也更大；位于东部地区的企业，由于地理优势、政策优惠、资金便利等有利条件而更有可能进行出口。

第（3）列和第（4）列进一步考虑行业层面控制变量、地区层面控制变量和年份固定效应、行业固定效应和地区固定效应。从表4-4的回归结果可以看出，在控制了年份、行业和地区固定效应后，地区层面的变量对微观企业是否出口的决策并没有显著影响；而行业资本密集度与企业选择出口存在显著负相关性，表明在样本期间，资本密集度高的行业中选择出口的企业相对更少，这一结果与中国出口长期以劳动密集型产品为主的事实一致。

表4-5 基于Heckman选择模型的回归结果

因变量：企业是否出口	基于Heckman选择模型的回归			
	(1)	(2)	(3)	(4)
信任水平	1.019*** (0.022)	0.227*** (0.025)	0.251*** (0.026)	0.070* (0.044)
1. 企业层面变量				
企业年龄		0.003*** (0.0002)	0.002*** (0.0002)	0.006*** (0.0003)
企业规模		0.221*** (0.002)	0.257*** (0.002)	0.267*** (0.002)
企业生产率		-0.185*** (0.003)	-0.179*** (0.003)	-0.159*** (0.003)
企业利润率		1.042 (2.962)	1.213 (3.306)	1.113 (3.933)
资本密集度		-2.364*** (0.655)	0.692* (0.368)	0.244 (0.423)
融资约束		-141.168*** (6.646)	-109.921*** (6.628)	-67.742*** (6.677)
税收压力		-0.017*** (0.001)	-0.015*** (0.001)	-0.014*** (0.001)

第四章 信任对中国企业出口行为选择的影响——基于省级信任水平的视角

续表

因变量：企业是否出口	基于 Heckman 选择模型的回归			
	（1）	（2）	（3）	（4）
国有资本占比		-0.297***	-0.151***	-0.035**
		(0.015)	(0.015)	(0.016)
港澳台资本占比		1.221***	1.176***	1.063***
		(0.008)	(0.009)	(0.009)
外资资本占比		1.299***	1.287***	1.311***
		(0.009)	(0.009)	(0.009)
是否具有新产品产出		0.980***	0.991***	0.853***
		(0.008)	(0.008)	(0.008)
是否国有企业		-0.322***	-0.225***	-0.259***
		(0.016)	(0.017)	(0.017)
是否位于东部地区		0.485***	0.453***	4.007
		(0.006)	(0.007)	(3.188)
2. 行业层面变量				
行业资本密集度			-0.526***	-0.747**
			(0.005)	(0.326)
3. 地区层面变量				
各省人均 GDP			0.001	0.690
			(0.035)	(2.787)
各省人力资本水平			-2.436***	1.351
			(0.086)	(5.386)
各省固定资本投资水平			-0.290***	-1.198
			(0.028)	(2.527)
各省外资引进水平			-0.868***	-28.381
			(0.062)	(21.971)
年份固定效应	不是	不是	不是	是
行业固定效应	不是	不是	不是	是
地区固定效应	不是	不是	不是	是
样本量	448335	441747	441747	441747
ch2（1）	0.000	0.000	0.000	0.000

注：***、**、*分别表示1%、5%、10%的显著性水平；括号内为稳健标准误。

2. 对不同性质企业的影响

信任水平对不同性质企业的出口行为决策可能存在不同影响。一方面，国有企业、外资企业和私营企业生产经营的目的不同。国有企业是国民经济发展的主体，主要服务于与国计民生有关的领域，如水电供应、生物科技及航空等高精尖科技研发创新等；外资企业多数利用中国充裕的劳动力优势和政策优惠在中国投资建厂，主要目的是从事加工贸易生产；私营企业主要以追求自身利益最大化为主，企业规模相对较小。另一方面，国有企业、外资企业和私营企业面临的政策优惠和经营环境也存在一定差异。国有企业由于"国有"的特性，拥有更多的优惠和补贴，在国内市场竞争中还具有一定的垄断优势；外资企业由于中国政府鼓励招商引资的政策也具有一定优势；私营企业则在发展政策、融资、税收压力等方面均存在劣势。因此，信任水平对不同性质企业的出口决策可能存在不同。

根据企业注册类型，本书将样本企业分为四大类：国有企业、外资企业（包括港澳台独资企业、港澳台合资及合营企业、其他外资独资企业、其他外资合资及合营企业）、私营企业（包括私营独资企业、私营合伙企业、私营有限责任公司及股份有限公司）及其他企业（包括集体企业、联营企业）。表4-6给出了2003年和2005年国有企业、外资企业和私营企业的主要分布结构。

表4-6 2003年和2005年国有企业、外资企业和私营企业的分布结构

类别 年份	国有企业			外资企业			私营企业		
	出口 （家）	不出口 （家）	总占比 （%）	出口 （家）	不出口 （家）	总占比 （%）	出口 （家）	不出口 （家）	总占比 （%）
2003	1623	18223	16.36	22963	14016	30.48	13283	51197	53.14
2005	1449	13039	7.59	34278	20706	28.82	24631	96669	63.57

资料来源：根据中国工业企业数据库计算得到。

可以看出，2003年，国有企业占当年工业企业总数的16.36%，其

第四章 信任对中国企业出口行为选择的影响——基于省级信任水平的视角

中从事出口的国有企业1623家、不出口的企业18223家；外资企业占比30.48%，其中从事出口的企业22963家，多于不出口的企业（14016家）；私营企业总占比53.14%，其中从事出口的企业13283家，不出口的企业51197家。2005年，国有企业和外资企业占比均降低，私营企业占比增加。具体来看，国有企业占2005年工业企业总数的比重降为7.59%，出口企业和不出口企业分别减少到1449家和13039家；外资企业占比28.82%，出口企业仍多于不出口企业；私营企业占比增加到63.57%，其中出口企业小幅增加到24631家，不出口企业增加到96669家。

本书在实证检验中分别对国有企业、外资企业和私营企业子样本进行Heckman选择模型的估计，表4-7报告了主要的回归结果。第（1）列和第（2）列报告了信任水平对国有企业是否出口决策的影响。其中，第（1）列只考虑信任水平，回归系数为1.059，且在1%的水平上显著。第（2）列进一步考虑了企业层面变量、行业层面变量和地区层面变量，并在回归时控制了年份固定效应、行业固定效应和地区固定效应。表4-7估计结果表明，信任水平增加1单位，国有企业选择出口的概率增加0.715。在其他控制变量中，主要的不同在于资本密集度、融资约束的影响不再显著，说明对于国有企业而言，资本密集度相对较高，不是决定国有企业是否出口的影响因素，且国有企业不存在明显的融资约束问题。此外，在控制地区固定效应后，是否位于东部地区对国有企业是否出口不存在显著影响。

第（3）列和第（4）列报告了信任水平对外资企业是否出口决策的影响。第（3）列估计结果未考虑其他控制变量，回归系数显著为正；但在考虑其他控制变量及固定效应的情况下，信任水平对外资企业是否出口的决策不存在显著影响，表明对于外资企业而言，中国各省的信任水平对外资企业出口贸易决策不存在明显影响。大多数外资企业在中国投资建厂的初衷就是利用中国充裕的劳动力优势和中国政府引入外资的优惠条件从事加工贸易生产。因此，信任水平无法从本质上影响外资企业的出口决策。在其他控制变量中,企业年龄、企业规模、企业生产率、资本密集度、融资约束、税收压力、各类资本占比、是否具有新产品产出、是否位于东部地区以及行业资本密集度均对外资企业是否出口的决策产生影响。

第(5)列和第(6)列报告了信任水平对私营企业出口决策的影响。实证结果显示,在未考虑其他控制变量时,信任水平的估计系数为0.396;加入其他影响变量及控制年份、行业和地区固定效应时,其回归系数为0.166,且均在1%的水平上显著。表明当信任水平提高时,私营企业选择从事出口贸易的概率增加。在其他变量中,国有资本的占比不存在显著影响,这一结果说明私营企业本身具有的国有资本相对较少;企业年龄、企业规模、企业生产率、融资约束及税收压力等变量均对私营企业是否出口的决策存在一定影响,且该影响与表4-4回归结果一致。

综合来看,信任水平对国有企业、私营企业是否出口的决策均存在显著的正向影响,当信任水平越高时,国有企业和私营企业选择从事出口贸易的概率越大;对外资企业而言,由于其在中国投资建厂、生产经营的主要目的是进行加工贸易生产,因此,信任水平对外资企业出口行为决策不存在显著影响。

表4-7 区分不同性质企业的回归结果

因变量: 企业是否出口	国有企业		外资企业		私营企业	
	(1)	(2)	(3)	(4)	(5)	(6)
信任水平	1.059*** (0.105)	0.715*** (0.232)	0.969*** (0.044)	-0.079 (0.078)	0.396*** (0.062)	0.166*** (0.039)
1. 企业层面变量						
企业年龄		0.003*** (0.001)		0.022*** (0.001)		0.005*** (0.001)
企业规模		0.334*** (0.010)		0.199*** (0.004)		0.264*** (0.004)
企业生产率		-0.172*** (0.013)		-0.184*** (0.006)		-0.128*** (0.005)

第四章 信任对中国企业出口行为选择的影响——基于省级信任水平的视角

续表

因变量： 企业是否出口	国有企业		外资企业		私营企业	
	（1）	（2）	（3）	（4）	（5）	（6）
企业利润率		-11.266 (71.832)		12.714 (30.954)		40.796** (16.728)
资本密集度		0.249 (1.170)		2.726*** (0.899)		-534.243*** (14.868)
融资约束		4.453 (5.059)		-98.757*** (9.903)		-349.355*** (19.781)
税收压力		-0.121*** (0.030)		-0.011*** (0.002)		-0.013*** (0.004)
国有资本占比		-0.091*** (0.032)		-0.430*** (0.043)		-0.045 (0.108)
港澳台资本占比		0.573* (0.342)		0.423*** (0.015)		0.668*** (0.055)
外资资本占比		0.928*** (0.297)		0.655*** (0.015)		1.162*** (0.074)
是否具有 新产品产出		1.062*** (0.030)		0.378*** (0.019)		0.867*** (0.013)
是否位于东部地区		34.356 (76.779)		48.319*** (11.069)		81.014*** (23.342)
2. 行业层面变量						
行业资本密集度		-0.188*** (0.009)		-0.594*** (0.010)		-0.701*** (0.010)
3. 地区层面变量						
各省人均GDP		-249.237 (0.000)		-198.391 (220.013)		260.14 (360.836)
各省人力资本水平		152.845 (721.701)		315.105 (407.725)		-108.392 (572.985)
各省固定资本 投资水平		122.598 (150.445)		106.732*** (11.312)		-34.392 (179.585)
各省外资引进水平		-248.582 (476.761)		-344.083 (0.000)		-512.667 (443.592)

续表

因变量：企业是否出口	国有企业		外资企业		私营企业	
	(1)	(2)	(3)	(4)	(5)	(6)
年份固定效应	不是	是	不是	是	不是	是
行业固定效应	不是	是	不是	是	不是	是
地区固定效应	不是	是	不是	是	不是	是
样本量	34334	33174	91963	91218	185780	183589
ch^2 (1)	0.000	0.000	0.000	0.000	0.000	0.000

注：***、**、*分别表示1%、5%、10%的显著性水平；括号内为稳健标准误。

3. 对不同地区企业的影响

本书进一步实证检验信任水平对不同地区企业选择是否出口的影响。相比而言，东部地区经济发展水平、对外开放程度、企业参与外贸活动等高于中西部地区的。此外，东部地区的省市多是贸易大省，外来务工人员较多；中部地区的省市由于经济发展、工业化、城市化程度有限，多以当地居民为主；西部地区是少数民族的主要聚集地，如西藏自治区、新疆维吾尔自治区等，这些因素影响着当地信任水平，进而也改变信任水平对不同地区企业是否出口决策的影响。

根据1986年的划分标准，本书将中国各省划分为东、中、西地区。由于信任水平数据的缺失，在样本数据中剔除了位于西藏、青海和宁夏三个地区的企业。表4-8给出了2003年和2005年位于东、中、西部地区的企业分布结构。

表4-8 2003年和2005年位于东、中、西部地区的企业分布结构

年份 \ 类别	东部地区			中部地区			西部地区		
	出口（家）	不出口（家）	总占比（%）	出口（家）	不出口（家）	总占比（%）	出口（家）	不出口（家）	总占比（%）
2003	44045	84084	69.18	3254	31948	19.00	1980	19891	11.80
2005	61523	130382	72.93	10421	33735	16.78	2317	24755	10.28

资料来源：根据中国工业企业数据库计算得到。

第四章 信任对中国企业出口行为选择的影响——基于省级信任水平的视角

由表4-8可知，中国工业企业主要集聚在东部地区，2003年占比为69.18%，其中从事出口的企业44045家，不出口的企业84084家；位于中部地区的企业占比为19.00%，从事出口的企业仅为3254家，远低于不出口的企业31948家；位于西部地区的工业企业占比最低，仅为11.80%，其中从事出口的企业1980家，不出口的企业19891家。2005年，位于东部地区的企业占比提高至72.93%，出口企业和不出口企业均分别增加到61523家和130382家；中部地区企业占比16.78%，但企业数量的绝对值增加，从事出口的企业和不出口的企业分别为10421家和33735家；西部地区企业占比降为10.28%，其中从事出口的企业2317家、不出口的企业24755家。

本书针对东、中、西部地区企业的子样本进行了Heckman选择模型的估计，表4-9报告了主要回归结果。第（1）列和第（2）列是针对位于东部地区企业的回归结果。其中，第（1）列只考虑了省级信任水平，可以看出，回归系数显著为正；第（2）列进一步引入其他变量，并在回归中控制了年份固定效应和行业固定效应，估计结果仍表明，信任水平增加，东部地区企业选择出口的概率显著提高。对于东部地区的企业而言，信任水平越高，企业面临更好的商业环境，生产经营越顺利，员工管理效率越高，因此，能够将更多的资源用于研究开发、提高生产率，选择进行出口的概率也越大。在其他变量中，企业利润率、资本密集度及行业资本密集度对东部地区企业是否出口不存在显著影响；与前文回归结果不同的是，对于东部地区企业，各省（市）人均GDP、外资引进水平及固定资产投资水平的回归系数显著为正，表明在人均GDP越高、外资引进程度和固定资产投资水平越高的省（市）中，企业选择出口的概率也越大；而人力资本水平的回归系数显著为负，这与中国出口长期以劳动密集型以及加工贸易产品为主的有关。

第（3）列与第（4）列报告了信任水平对中部地区企业是否出口选择的影响。估计结果显示，在不考虑其他控制变量的情况下，信任水平的回归系数显著为正；而考虑其他控制变量，并进一步控制年份、行业固定效应时，该系数变为负值，但在统计上不显著。表明信任水平对中部地区企业是否出口的影响并不稳健，不存在明确且显著的影响。其他控制变量的回归结果多数不显著，可能的原因是中部地区从事出口贸易的企业较少，导致选择模型中包含的样本企业偏少，从而影响估计结果的显著性。

第（5）列和第（6）列进一步报告了信任水平对西部地区企业是否出口决策的影响。回归结果类似于针对中部地区企业的估计结果，信任水平与西部地区企业是否出口不存在显著相关关系；其他控制变量也高度不显著。

综合来看，信任水平对东部地区企业是否选择出口的概率存在显著正向作用，信任水平越高，东部地区企业选择进行出口的概率增加；而对中部地区、西部地区的企业是否出口决策没有显著、稳健的影响。

表 4-9 区分不同地区企业的回归结果

因变量： 企业是否出口	东部地区企业		中部地区企业		西部地区企业	
	(1)	(2)	(3)	(4)	(5)	(6)
信任水平	0.534*** (0.034)	0.281*** (0.026)	0.353*** (0.059)	-0.001 (0.083)	1.140*** (0.125)	-0.005 (0.185)
1. 企业层面变量						
企业年龄		0.007*** (0.0002)		0.00001 (0.005)		0.0001 (0.001)
企业规模		0.271*** (0.003)		0.0001 (0.005)		0.0003 (0.008)
企业生产率		-0.205*** (0.004)		0.0002 (0.007)		0.001 (0.009)
企业利润率		1.781 (5.448)		-0.042 (14.289)		-2.724 (152.335)
资本密集度		0.682 (0.635)		-1.294 (11.157)		0.044 (0.552)
融资约束		-108.646*** (8.460)		-0.470 (4.185)		-0.008 (0.237)

第四章 信任对中国企业出口行为选择的影响——基于省级信任水平的视角

续表

因变量：企业是否出口	东部地区企业		中部地区企业		西部地区企业	
	（1）	（2）	（3）	（4）	（5）	（6）
税收压力		-0.014*** (0.001)		-0.0001 (0.004)		-0.0002 (0.004)
国有资本占比		-0.059*** (0.021)		-0.004 (0.026)		-0.001 (0.034)
港澳台资本占比		1.122*** (0.009)		0.023 (0.042)		0.050 (0.062)
外资资本占比		1.279*** (0.010)		0.035 (0.039)		0.074 (0.057)
是否具有新产品产出		0.609*** (0.010)		0.054*** (0.016)		0.048* (0.027)
是否国有企业		-0.345*** (0.024)		-0.007 (0.027)		-0.007 (0.035)
2. 行业层面变量						
行业资本密集度		-0.014 (0.506)		-0.002 (0.011)		-0.003 (0.013)
3. 地区层面变量						
各省人均GDP		0.675*** (0.038)		0.014 (0.256)		-0.014 (0.066)
各省人力资本水平		-5.302*** (0.128)		-0.003 (1.237)		0.010 (0.184)
各省固定资本投资水平		2.128*** (0.057)		-0.001 (0.118)		-0.004 (0.045)
各省外资引进水平		1.494*** (0.080)		-0.142 (0.500)		0.010 (0.827)
年份固定效应	不是	是	不是	是	不是	是
行业固定效应	不是	是	不是	是	不是	是
样本量	320034	316714	79358	77331	48943	47702
ch2（1）	0.000	0.000	0.000	0.000	0.000	0.000

注：***、**、* 分别表示1%、5%、10%的显著性水平；括号内为稳健标准误。

三、稳健性检验

本书对上文的主要估计结果进行稳健性检验，以验证信任水平对中国工业企业出口行为决策的影响不因异常值或少数特殊样本而改变，而是统计上稳健的。因此，本书从三个方面进行了稳健性检验。

首先，对异常值进行缩尾处理，即用1%和99%的样本数值替代了这两个百分比以外的异常值，形成新的回归样本后再次进行 Heckman 两阶段估计，以最小化"特殊样本"对估计结果的影响。具体来看，分别对变量"信任水平、企业年龄、企业规模、企业生产率、企业利润率、资本密集度、融资约束、税收压力、国有资产占比、港澳台资产占比、外资资产占比"进行了1%的双边缩尾处理。

其次，删除样本企业中的外资企业。在样本企业中，一方面，外资企业占中国工业企业的比重约为30%，而外资企业中从事出口贸易的企业占比超过62%，明显高于国有企业、私营企业中进行出口的企业占比。另一方面，很大一部分外资企业在中国投资建厂的主要目的是利用中国充裕的劳动力和中国政府鼓励招商引资的优惠政策而在中国境内从事加工贸易生产，即多数外资企业在中国建立的初衷就是出口。这部分企业是否出口的决策很难受中国国内信任水平的影响。因此，本书删除样本企业中的外资企业，以对基本估计结果进行稳健性检验。其中，外资企业包括港澳台独资企业、港澳台合资及合营企业、其他外资独资企业、其他外资合资及合营企业。

最后，删除样本企业中位于西部地区的企业。在样本企业中，一方面，位于西部地区的企业占中国工业企业的比重约为10%，其中从事出口贸易企业的占比不足9%；另一方面，西部地区中国有企业比重相对较高，生产经营决策的自主性有限。根据中国工业企业数据库的统计，2003年西部地区中国有企业占比23.83%，中部地区中国有企业占比19.31%，东部地区中国有企业占比仅6.12%；2005年西部地区中国有企业占比14.24%，中部地区中国有企业占比9.84%，东部地区中国有

第四章 信任对中国企业出口行为选择的影响——基于省级信任水平的视角

企业占比仅 3.27%。因此，本书删除样本企业中位于西部地区的企业，以减少特殊样本存在而对主要的估计结果产生影响。

表 4-10 报告了以上三种形式的稳健性检验结果。

在稳健性回归 1 中（缩尾异常值），信任水平的估计系数为 0.151，且在 1% 的水平上显著，再次说明了信任水平与中国工业企业是否出口的决策存在显著、稳健的正向关系。在其他控制变量中，企业年龄、企业规模、企业利润率、港澳台资本占比、外资资本占比以及是否具有新产品产出的回归系数均显著为正，说明这些变量的数值增加时，企业选择从事出口贸易的概率提高；企业生产率、企业及行业资本密集度、融资约束、税收压力以及属于国有企业与企业决定出口存在反向关系；地区层面变量在控制地区固定效应的情况下，均不显著，即地区层面的控制变量对微观企业的出口决策并没有显著作用。

在稳健性回归 2 中（删除外资企业），信任水平的回归系数显著为正；在控制变量中，除企业及行业资本密集度的回归系数不再显著之外，其他变量的估计结果与基本回归结果一致。

在稳健性回归 3 中（删除位于西部地区的企业），信任水平与企业是否出口的决策仍显著正相关；在控制变量中，行业资本密集度越高的企业，从事出口的概率反而越低；而地区固定资本投资水平越高时，该地区企业选择从事出口贸易的概率越大。其他控制变量的估计结果与基本回归结果一致。

综合来看，信任水平与中国工业企业选择是否出口之间存在显著、稳健的正相关性，信任水平越高时，中国企业选择进行出口贸易的概率越大。

表 4-10 稳健性回归结果（省级信任对中国企业出口行为选择的影响）

因变量：企业是否出口	缩尾异常值	删除外资企业	删除西部地区企业
信任水平	0.151*** (0.044)	0.070* (0.044)	0.108** (0.046)

续表

因变量：企业是否出口	缩尾异常值	删除外资企业	删除西部地区企业
1. 企业层面变量			
企业年龄	0.006 *** (0.0003)	0.005 *** (0.0003)	0.006 *** (0.0003)
企业规模	0.307 *** (0.003)	0.283 *** (0.003)	0.262 *** (0.003)
企业生产率	-0.213 *** (0.003)	-0.142 *** (0.004)	-0.167 *** (0.003)
企业利润率	1.649 *** (0.164)	-2.408 (3.603)	0.124 (0.431)
资本密集度	-6.768 *** (0.194)	-0.002 (0.007)	-0.163 (0.686)
融资约束	-1.357 *** (0.123)	-0.707 *** (0.093)	-81.340 *** (7.042)
税收压力	-1.182 *** (0.021)	-0.025 *** (0.004)	-0.014 *** (0.001)
国有资本占比	0.002 (0.016)	-0.054 *** (0.017)	-0.063 *** (0.017)
港澳台资本占比	1.032 *** (0.009)	0.637 *** (0.041)	1.071 *** (0.009)
外资资本占比	1.316 *** (0.009)	1.049 *** (0.054)	1.318 *** (0.009)
是否具有新产品产出	0.886 *** (0.008)	0.957 *** (0.009)	0.864 *** (0.009)
是否国有企业	-0.276 *** (0.017)	-0.183 *** (0.018)	-0.287 *** (0.019)
是否位于东部地区	-4.399 (3.522)	-4.271 (3.709)	2.844 (2.797)
2. 行业层面变量			
行业资本密集度	-0.670 ** (0.325)	0.158 (0.354)	-1.003 *** (0.351)

第四章 信任对中国企业出口行为选择的影响——基于省级信任水平的视角

续表

因变量：企业是否出口	缩尾异常值	删除外资企业	删除西部地区企业
3. 地区层面变量			
各省人均GDP	-0.504 (2.624)	0.348 (2.931)	3.665 (6.876)
各省人力资本水平	3.688 (7.940)	5.429 (7.113)	7.696 (7.580)
各省固定资本投资水平	-3.511 (2.508)	-2.377 (3.807)	-12.045** (5.645)
各省外资引进水平	31.039 (23.007)	31.219 (25.083)	-17.851 (22.749)
年份固定效应	是	是	是
行业固定效应	是	是	是
地区固定效应	是	是	是
样本量	441747	350529	394045
ch^2（1）	0.000	0.000	0.000

注：***、**、*分别表示1%、5%、10%的显著性水平；括号内为稳健标准误。

第四节 本章小结

较高的信任水平提高经济社会运行效率，降低企业生产成本，提高企业生产效益，为企业进行出口贸易提供更多机会。本书利用2003年和2005年中国综合社会调查数据定量测算中国28个省份的信任水平，并将此与对应年份的中国工业企业数据匹配形成两期面板数据，利用Probit模型、Heckman两阶段自选择模型实证考察了省级信任水平对中国企业出口行为选择的影响。研究结果表明，信任水平与中国企业出口行为选择存在正相关性：在Probit模型回归中，省级信任水平每增加1单位，中国工业企业选择出口的概率提高0.069；在Heckman选择模型回归中，中国企业选择出口的概率提高0.070，这一影响在"缩尾处理、删除外资企业、删除西部地区企业"等稳健性检验中仍然显著。区分不同性质企业和不同地区企业的回归结果表明，信任水平对国有企业、私营企业以及东部地区企业的出口行为选择存在显著正向影响，对外资企业、中部地区和西部地区企业是否出口的决策不存在明显作用。

第五章

信任对中国企业出口及其二元边际的影响
——基于国家间信任水平的视角

信任能够有效降低进出口企业的搜寻成本、缔约成本、争端解决成本等国际贸易过程中涉及的各类成本，促进企业出口贸易发展。那么，中国与贸易伙伴国间的信任水平是否以及多大程度影响中国企业到对应国家的双边出口？对不同类型出口的影响是否存在差异？本书匹配中国工业企业数据库和海关贸易数据库，对接获得出口企业、出口产品和出口目的国信息，并利用中国与41个贸易伙伴国之间的加权遗传距离作为衡量国家间信任水平的代理变量，实证检验国家间信任水平对中国企业出口贸易发展的影响，并考察这一影响对不同性质企业出口、不同贸易方式出口、不同地区出口目的国出口、不同差异化产品出口的差异；在此基础上，进一步测算出口增长的扩展边际和集约边际，对比分析国家间信任对企业出口增长二元边际的作用。

第一节 国家间信任水平的测度

一、国家间信任水平的测算方法

针对国家间信任水平定量测算的实证研究相对较少，目前主要有"利用调查问卷统计各国居民间的信任态度"，以及"利用其他文化相关变量衡量国家间信任水平"两种方法。

1. 利用调查问卷统计各国居民间的信任态度

Guiso 等（2004、2008）利用 "3i/Cranfield European Enterprise Center" 调查的 "欧洲晴雨表"（Eurobarometer）中英国、德国、法国、意大利、西班牙、卢森堡、丹麦、荷兰、比利时、爱尔兰、希腊、葡萄牙、挪威、瑞典、芬兰和奥地利等欧盟国家之间及欧洲国家对少数非欧洲国家（如美国、日本、中国、俄罗斯等）的相对信任数据测算了样本国家间的信任水平，具体的问题是：请问您对以下国家的信任程度如何？对于每个国家，您可选择回答"非常信任""比较信任""不太信任""毫不信任"（I Would Like to Ask You a Question about How Much Trust You Have in People from Various Countries. For Each, Please Tell me Whether You Have a Lot of Trust, Some Trust, Not Very Much Trust or No Trust At All）。但是该调查仅统计了欧洲少数国家对中国的信任水平，且仅限于欧洲少数国家。

另一个调查是"皮尤研究中心"（Pew Research Center）统计的各国居民对中国的态度（View of China），迄今为止，已包括阿根廷、巴西、加拿大、埃及、法国、德国、印度、日本、墨西哥、巴基斯坦、俄罗斯、土耳其、英国、美国等 30 多个国家对中国的喜爱程度（Favorability）。但这一调查每年涉及的国家数量偏少，且更大程度上考虑的是其他国家对中国的态度。因此，目前这两个调查数据都无法满足本章研究的分析。

2. 利用其他文化相关变量衡量国家间信任水平

越来越多的学者认为，国家间信任水平不仅与双边交流程度有关，同时受宗教信仰、战争史、基因相似性等文化因素的影响，且这些文化因素对国家间信任水平的影响往往更根本、更深入、更长久。因此，不少学者在有关国家间信任水平的实证研究中经常采用文化相关的变量作为衡量国家间信任水平的代理变量。例如，Cavalli Sforza 等（1994）较

第五章　信任对中国企业出口及其二元边际的影响——基于国家间信任水平的视角

早研究了遗传距离对不同群体之间相互信任的影响，发现一国居民更倾向于信任与其基因更相近的人；McPherson 等（2001）指出，具有相似文化背景或相似体貌特征的人们更容易相互信任，并借鉴 Cavalli Sforza 等（1994）的算法测得国家间的遗传距离，以作为国家间信任水平的代理变量；Guiso 等（2004）研究发现，不管是从数据统计上，还是从经济视角上来看，文化背景和体征相似性对国家间信任的形成都非常重要。宗教的相似性对国家间信任的形成存在显著的正向作用：相比没有相似宗教的群体，90%的居民具有相似宗教的（如意大利和西班牙）两国间信任水平提高 6%；遗传距离越接近的群体，其成员间的信任水平越高；遗传距离每减少单位标准差，群体间信任水平提高 6%；国家间的战争历史也是影响群体间信任水平的重要因素，尤其是个体对其他国家的最初认知往往来自学校的历史教育。例如，19 世纪时期，意大利历史教育强调再次获得统一的战争，而这一时期的战争主要是针对奥地利的，因此，研究表明意大利学生对奥地利产生明显的负面印象，对奥地利的信任水平也较低（Bornhorst et al.，2004）。因此，Guiso 等（2004）分别利用宗教相似性、遗传距离和战争历史作为衡量国家间信任水平的代理变量，实证检验了国家间的信任对贸易往来、直接投资以及其他证券投资的影响。

此外，De Bruine（2002）、González-José 等（2004）研究发现，人们更倾向于喜欢并愿意相信跟他们长得相似的人，即体貌特征越相似，彼此间信任水平越高。因此，Guiso 等（2008）基于 Biasutti（1959）对头发颜色①和头指数②（Cephalic Index）的分类，利用头发颜色、头指数、身高、皮肤颜色这四项人体指标测度了体征距离（Somatic Distance），并作为衡量国家间信任水平的代理变量实证研究了国家间信

---

① Biasutti（1959）将头发颜色分为五大类：a. 金发为主（blond prevails）；b. 金发和黑色混合（mix of blond and dark）；c. 黑色为主（dark prevails）；d. 少量金发（sporadic presence of blond）；e. 全黑（exclusively dark）。

② 头指数是人类学指数之一，用于作为头型分类的头长、宽指数，具体计算方法为：头指数 =（头最大宽/头最大长）×100。Biasutti（1959）将头指数从 71~86 以上分为五大类。

任水平对双边贸易的影响；Spring 和 Grossmann（2016）在研究国家间信任水平对国际贸易和人员流动的影响时，利用八项体貌特征作为衡量国家间信任水平的代理变量，实证发现国家间信任水平每增加 1 单位标准误，国际人员流动增加 50% 以上，出口贸易平均提高 24%。值得一提的是，对于体征距离的定量测度，目前可获取的数据仅限于欧洲国家之间的。

因此，综合考虑数据的可获得性，本书借鉴 Guiso 等（2004）的做法，利用遗传距离作为衡量国家间信任水平的代理变量。一般而言，群体间的遗传距离越大，其社会文化、宗教信仰、体貌特征等差异越大，群体间的信任水平则越低。因此，在实际回归分析中，常以遗传距离的倒数形式衡量群体间信任水平。

二、遗传距离的测度

遗传距离是指利用多元统计分析方法算得由多个性状基因型值构成的多维空间的几何距离，用以反映不同种群间综合遗传差异的大小。现有研究中遗传距离测度常用的指标主要有四种：

1. Nei（1972）的标准遗传距离（Standard Genetic Distance）D_S

目前，标准遗传距离 D_S 是最常用的测度遗传距离的指标。对于具有基因位点①r（loci）和等位基因 m（Allele）的群体 X 和 Y，两者直接的标准遗传距离被定义为：

$$D_S = -\ln(J_{XY} / \sqrt{J_{XX} J_{YY}}) \tag{5-1}$$

其中，$J_{XY} = \sum_{i=1}^{m} \sum_{j=1}^{r} x_{ij} y_{ij} / r$、$J_{XX} = \sum_{i=1}^{m} \sum_{j=1}^{r} x_{ij}^2 / r$、$J_{YY} = \sum_{i=1}^{m} \sum_{j=1}^{r} y_{ij}^2 / r$；$x_{ij}$ 是群体 X 中第 j 条基因轨迹上第 i 个等位基因出现的概率；y_{ij} 是群体 Y 中第 j 条基因轨迹上第 i 个等位基因出现的概率；r 表示基因位点数。需

---

① 基因位点是指基因在染色体上占有的特定位置。基因位点的不同决定了每个个体的差异，包括体重、性格、身高、头发颜色等。

要注意的是，D_S 随着时间从 0 到无穷大线性增加，并与基因突变的概率呈比例相关。在实证研究中，通常可以利用 Nei（1978）的遗传型数据（Genotypic Data）比较准确地得到 D_S 的无偏估计。

2. Nei 等（1983）的基因弦距离（Chord Genetic Distance）D_A

Nei 等（1983）的基因弦距离（Chord Genetic Distance）D_A 是在 Cavalli-Sforza 和 Edwards（1967）弦距离的基础上提出的，具体测算指标表示为：

$$D_A = 1 - \sum_{i=1}^{m} \sum_{f=1}^{r} \frac{\sqrt{x_{ij} y_{ij}}}{r} \qquad (5-2)$$

其中，x_{ij} 和 y_{ij} 分别表示群体 X、群体 Y 中第 j 条基因轨迹上第 i 个等位基因出现的概率；r 表示基因位点数。当群体 X 和群体 Y 在任意基因轨迹上没有任何共同的等位基因时，D_A 达到最大值 1。Takezaki 和 Nei（1996）认为 D_A 能够有效反映人类发展史；然而，目前仍没有无偏估计 D_A 的方法。

3. 共祖系数 F_{st}

Cavalli-Sforza 等（1994）假定不同群体 X 和 Y 之间遗传距离的测度主要基于两个群体"中性基因①"出现概率的差异。根据生物进化的假定，群体 X 和群体 Y 最初同属于一个祖先，随着时间的推移，这两个群体的基因逐渐分离：基因突变或基因漂移②（Mutation and Genetic Drift）导致某一基因位点上的等位基因产生差异。随着两个群体分离时间的推进，等位基因出现概率的差异进一步导致不同等位基因的固化。例如，虽然决定 A、B、O 血型的等位基因几乎存在于所有人群中，但每个等位基因在不同人群出现的频率却相差很大：O 类等位基因在非洲人群出现的概率是 61%，但在美国土著人群中出现的概率是 98%。

---

① 中性基因是指相对于显性基因而存在的系列遗传基因。中性基因平时处于休眠状态，其携带的遗传信息不显现，通常由基因漂移或基因突变引起。

② 基因漂移是指一种生物的目标基因向附近野生物种的自发转移，导致附近野生物种发生内在的基因变化，具有目标基因的一些优势特征，进而形成新的物种。

因此，Cavalli-Sforza 等（1994）提出，可以通过大量"中性基因"片段的差异测算不同群体追溯到共同祖先的时间长短，进而算得不同群体间的遗传距离，即两个群体同一基因的共祖系数（Coancestry Coefficient）。假定基因位点为 r，等位基因为 m，x_{rm} 是群体 X 中第 r 个基因位点上等位基因 m 出现的概率；y_{rm} 是群体 Y 中第 r 个基因位点上等位基因 m 出现的概率。那么群体 X 和 Y 之间的遗传距离 F_{st} 为：

$$F_{st} = \frac{\sum_r \sum_m [x_{rm} - y_{rm}]^2}{2\sum_r [1 - \sum_m x_{rm} y_{rm}]} \tag{5-3}$$

F_{st} 测算方法假定不存在基因突变，所有等位基因出现概率的改变仅来源于基因漂移；但是，该方法并没有假定两个群体的人口数相同且保持不变。此外，样本的数量、基因位点的多少、群体分离的程度、迁移率、突变率等因素均会影响遗传距离 F_{st} 估计的系数。

4. 基于民族人口比重的加权遗传距离 Nei

Spolaore 和 Wacziarg（2009）在研究长期历史进程中不同国家发展分化（Diffusion of Development）的影响因素时，利用不同国家不同民族人口比重作为加权构建了测算国家间遗传距离的指标 Nei，并发现遗传距离与国家间的收入差距显著相关。加权遗传距离 Nei 的具体计算公式为：

$$Nei_{ij} = \sum_i \sum_j s_{ip} s_{jq} d_{pq} \tag{5-4}$$

其中，Nei_{ij} 表示国家 i 和国家 j 之间的加权遗传距离；s_{ip} 表示国家 i 中民族 p 占总人口的比重；s_{jq} 表示国家 j 中民族 q 占总人口的比重；d_{pq} 表示民族 p 和民族 q 之间的遗传距离。加权遗传距离 Nei 不仅能够反映不同国家在遗传特征上的不同，同时说明不同国家的民族构成、社会文化等信息。由于本书的研究重点是国家间的信任水平，同时考虑数据的可获得性，因此，本章借鉴加权遗传距离 Nei（Spolaore and Wacziarg, 2009）测算中国与主要贸易伙伴国之间的遗传距离，并以其倒数衡量样本国家间信任水平。中国与 41 个贸易伙伴国间的加权遗传距离（见表 5-1）。

表 5-1　中国与 41 个贸易伙伴国间的加权遗传距离

序号	国家	遗传距离	序号	国家	遗传距离
1	泰国	14.87	22	澳大利亚	187.92
2	新加坡	26.97	23	加拿大	188.25
3	越南	30.80	24	美国	189.20
4	菲律宾	42.98	25	智利	190.20
5	印度尼西亚	55.55	26	英国	190.77
6	马来西亚	65.16	27	法国	191.52
7	韩国	68.73	28	西班牙	192.49
8	日本	74.10	29	乌拉圭	193.34
9	匈牙利	116.81	30	哥伦比亚	197.21
10	芬兰	119.68	31	斯洛伐克	200.06
11	印度	137.63	32	丹麦	209.25
12	巴基斯坦	143.88	33	奥地利	210.30
13	土耳其	148.76	34	挪威	211.04
14	罗马尼亚	149.41	35	瑞典	211.47
15	保加利亚	151.66	36	俄罗斯	213.40
16	希腊	153.38	37	阿根廷	215.48
17	新西兰	160.71	38	委内瑞拉	216.46
18	伊朗	167.18	39	意大利	218.62
19	墨西哥	167.65	40	巴西	228.82
20	摩洛哥	171.83	41	南非	387.39
21	秘鲁	186.59	均值	160.92	

资料来源：黄新飞，关楠，翟爱梅. 遗传距离对跨国收入差距的影响研究：理论和中国的实证分析 [J]. 经济学（季刊），2014（3）：1127-1146.

第二节　信任对企业出口规模的影响

一、模型构建

本书将通过匹配中国工业企业数据库和海关贸易数据库，得到

2005～2006年企业层面的数据，以从微观企业层面实证检验国家间信任对中国企业出口贸易的影响。具体的计量模型为：

$$\ln ex_{cj} = \beta_0 + \beta_1 \ln trust_{cj} + ax_{cj} + \zeta_i + \xi_p + \zeta_r + \zeta_{cj}$$
$$= \beta_0 + \beta_1 \ln trust_{cj} + \beta_2 age + \beta_3 \ln size + \beta_4 tfp\_ols + \beta_5 \ln r\&d +$$
$$\beta_6 \ln forei + \beta_7 dummy\_state + \beta_8 gen\_trust + \beta_9 \ln geo\_dis +$$
$$\beta_{10} gdp\_gap + \beta_{11} connection + \beta_{12} confucian + \beta_{13} colony +$$
$$\beta_{14} fta + \beta_{15} neighbor + \xi_i + \xi_p + \xi_r + \varepsilon_{cj} \qquad (5-5)$$

其中，ex_{cj}表示中国企业c对样本国家j的出口额；$trust_{cj}$表示中国c与样本国家j的信任水平；X_{cj}表示影响中国企业出口的其他控制变量，具体包括要素生产率、企业规模、企业外商投资等企业层面的变量，以及中国与样本国家之间的地理距离、人均GDP差距、是否相邻、是否签订自贸区协定等双边国家层面的变量；ξ_i、ξ_p、ξ_r分别表示行业固定效应、企业所在省份固定效应、样本国家所在大洲固定效应；β_0和ε_{ij}分别表示回归常数项及残差项。

二、数据匹配及变量说明

根据上文的分析，本书将利用加权遗传距离作为衡量国家间信任水平的代理变量，实证检验国家间信任对中国工业企业出口贸易的影响，并利用基于文化距离衡量国家间信任水平的回归作为对应的稳健性检验。因此，根据加权遗传距离、文化距离数据的可得性，本书选出实证检验中包含的样本国家41个，即中国的主要出口目的国。具体有：阿根廷、奥地利、澳大利亚、巴基斯坦、巴西、保加利亚、丹麦、俄罗斯、法国、菲律宾、芬兰、哥伦比亚、韩国、加拿大、罗马尼亚、马来西亚、美国、秘鲁、摩洛哥、墨西哥、南非、挪威、日本、瑞典、斯洛伐克、泰国、土耳其、委内瑞拉、乌拉圭、西班牙、希腊、新加坡、新西兰、匈牙利、伊朗、意大利、印度、印度尼西亚、英国、越南、智利。其中，亚洲国家有巴基斯坦、菲律宾、韩国、马来西亚、日本、泰国、新加坡、伊朗、印度、印度尼西亚、越南等11个；欧洲国家有奥

第五章 信任对中国企业出口及其二元边际的影响——基于国家间信任水平的视角

地利、保加利亚、丹麦、俄罗斯、法国、芬兰、罗马尼亚、挪威、瑞典、斯洛伐克、土耳其、西班牙、希腊、匈牙利、意大利、英国16个；美洲国家有阿根廷、巴西、哥伦比亚、加拿大、美国、秘鲁、墨西哥、委内瑞拉、乌拉圭、智利10个；非洲国家有南非、摩洛哥2个；大洋洲国家有新西兰、澳大利亚2个。样本国家既包含位于不同地区的国家，同时包含不同经济发展水平的国家，保证了回归分析的准确性和全面性。

1. 数据匹配

基于上述41个样本国家（出口目的国），本书将中国工业企业数据库与海关贸易数据库进行匹配，以获得出口企业—出口产品—出口目的国的对接信息。

（1）中国工业企业数据库。中国工业企业数据库包含了中国所有国有企业，以及"规模以上"（总销售额超过500万元）的非国有企业，涉及企业资产负债表、利润表与现金流量表中的80多个变量，并提供了企业名称、代码、规模、所有制、出口交货值、就业人数、企业资产、盈余、生产、投资等方面的详细信息。整体来看，这套数据涵盖了1998~2010年每年约20万个制造业企业的生产信息，企业生产总值占中国工业生产总值的90%以上，是目前最为原始、翔实、全面的企业生产数据。

本书的研究主要以2005年和2006年的工业企业数据为基础。2005年的原始数据涉及271835家企业，工业生产总值为2.52万亿元；2006年的原始数据涉及301962家企业，工业总产值约3.17万亿元；工业生产总值均占当年全国工业产值的比重约91%。考虑到数据在统计时可能存在一定错误，本书参照田巍、余淼杰（2013）和戴觅（2014）删除了出现以下任何一种情况的观测值：①流动资产大于总资产；②固定资产大于总资产；③出口额超过工业销售总额；④工业增加值、固定资产、从业人数为0或负值；⑤开业月份大于12或小于1；⑥开业年份大于对应的样本年份2005或2006。经过上述处理，2005年的有效样本企业变为263845家，工业总产值变为2.47万亿元；2006年的有效样本企业变为284355家，工业总产值变为3.07万亿元。

（2）海关贸易数据库。海关贸易数据库报告了来自中国海关总署的对外贸易商品交易的月度数据，涉及每种贸易商品的名称、HS八位码、贸易额（美元）、贸易状态（进口/出口）、贸易数量、交易单位、单位产品贸易额等7个贸易基本变量，出口目的国/进口来源国、中转国（途经国家/地区）、贸易方式（一般贸易、加工贸易等）、运输方式（海运、航运等）、进出的海关等5个贸易基本变量，以及企业名称、企业代码、企业性质（国有、集体、外资等）、地址、电话、邮编、联系人姓名等7个企业基本信息变量。经过月度数据的合并，2005年的原始数据包含14252130个观测值，2006年的原始数据包含15854608个观测值。

（3）合并数据。

1）中国工业企业数据库与海关数据库合并。尽管这两套数据库均包含丰富的信息，但各自侧重不同，例如，中国工业企业数据库仅包含每个工业企业的出口交货值，但对应的出口目的国（地区）、贸易方式等信息尚无；而海关贸易数据库仅包含企业名称、企业代码等基础变量，并没有提供企业规模、人员、销售、财务状况等方面的信息。因此，我们需要将中国工业企业数据库与海关贸易数据库进行匹配，以同时使用两套数据库中的统计变量，获得出口企业—出口产品—出口目的国的对接信息。

在实际匹配过程中，虽然中国工业企业数据库和海关贸易数据库均统计了企业代码这一变量，但这两个数据库采用的却是不同的编码系统，因此，不能简单地利用企业代码进行匹配对接。但是，两个数据库均有企业名称、企业联系方式等信息，参照田巍、余淼杰（2013）的匹配做法，本书利用以下两种方法①来实现两套数据库的合并：首先，利用"企业名称"对两套数据库进行匹配；对于未能通过"企业名称"

---

① 对田巍、余淼杰的两种方法，戴觅、余淼杰（2014）做了详细介绍。

匹配的企业，进一步按照企业"电话号码"的后七位与所在地"邮政编码"进一步合并。其次，考虑到部分企业在工业企业数据库或海关贸易数据库中没有汇报企业名称、邮政编码、电话号码信息，为保证尽可能多的保留能够合并的企业，本书考虑了所有通过企业名称匹配出来的企业，或通过电话号码与邮政编码匹配出来的企业，即将两次匹配获得的样本企业进行再次纵向合并，得到最后的有效样本企业。其中，2005年按照企业名称匹配出3873409个观测值，按照企业电话号码后七位与所在地邮政编码匹配出417738个观测值；2006年按照企业名称匹配出4249637个观测值，按照企业电话号码后七位与所在地邮编匹配出259755个观测值；最后，纵向合并2005年和2006年按照两种方法匹配出来的数据，用于后文的回归检验。

2）出口目的国信息的合并。本书研究的重点是实证检验中国与主要贸易伙伴国间的信任水平对中国工业企业出口的影响，因此，需要获取中国与各样本国间的加权遗传距离数据，以作为衡量国家间信任水平的代理变量；此外，在回归过程中，不仅需要包含企业层面的变量，还应该考虑中国与各样本国间的地理距离、人均GDP差异、是否相邻、是否签订自贸区协定等影响企业出口的国家层面的变量。因此，在获得中国工业企业数据库和海关贸易数据库的合并数据后，进一步根据"出口目的国"匹配得到国家层面的变量，得到最终的实证数据。

2. 变量说明

本章在实证检验过程中涉及的变量主要有：

（1）工业企业出口额 lnex。本章实证检验国家间信任水平对中国工业企业出口规模的影响，因此，被解释变量为中国工业企业出口额。相应数据来源于海关贸易数据库，并取其对数形式。

（2）国家间信任水平 bi_trust。根据上文的分析，本章借鉴Spolaore和Wacziarg（2009）的基于民族人口比重的加权遗传距离Nei，测度中国与41个贸易伙伴国之间的遗传距离，并以其倒数形式作为衡量国家间信任水平的代理变量。较高的国家间信任水平能够降低进出口企业在国际贸易过程中的搜寻成本、缔约成本、争端解决成本等，减少双方面临的不确定因素和违约风险，促进出口贸易发展。

首先，国家间信任能够降低企业在建立贸易合作伙伴关系中的搜寻成本。企业在进行出口贸易前，必须事先花费大量的成本了解和确定合作企业，在此过程中，信任关系的存在有利于降低这部分成本。Nohria 和 Gulati（1993）研究表明，合作伙伴的可信度是企业在寻找新的贸易伙伴时看中的重要因素之一，企业通常会花费较大的精力确保其他企业是否可信。因此，已建立信任关系网络的企业往往在与其产生信任关系的企业中选择新的合作伙伴，从而降低相应的搜寻成本（Gulati，1993）。

其次，国家间信任能够降低企业签订合约以及执行合约花费的成本。从理论上来说，制度化的规范和合约是确保合作顺利开展的基本保障，但在实际交易中，由于合同执行尚未开始，事先将所有未来可能发生的风险或违约情况写进合约几乎是不可能的，因此，信任成为经贸交易中的关键因素。信任水平越高，合作企业间谈判、监管和执行合约所花费的成本越小。尤其是在对外贸易过程中，进出口商来自不同的文化背景、具有不同的语言、遵循不同的商业规则等，较高的信任水平有助于降低对方的猜疑，减少交易过程中可能存在的矛盾和摩擦，促使交易双方更高效的达成合约，降低双方谈判、缔约、合约执行、监督等交易成本，促进双边经贸往来。

最后，国家间信任能够减少出口贸易中的不确定性。出口贸易发生在不同国家或地区之间，进出口企业面临着对方国家政治风险、贸易政策变动、汇率调整等诸多风险；同时，出口贸易过程涉及的主体多、环节复杂、历时长，不确定因素很多。较高的信任水平能够有效减少出口贸易过程中存在的诸多不确定性因素，降低交易对方恶意违约的可能。

因此，可以预期国家间信任水平对双边出口规模存在正向促进作用。

（3）其他控制变量。除上文介绍的关键解释变量和被解释变量外，实证检验过程中还将考虑企业层面的、国家层面的、相关固定效应等的

第五章 信任对中国企业出口及其二元边际的影响——基于国家间信任水平的视角

其他控制变量。具体包括：

1）企业年龄（age）。一方面，年龄越大的企业，越具有生产经营的经验，市场优势越明显，越倾向于出口；另一方面，年龄越大的企业往往属于中国本土企业，相比"较年轻"的外资企业或加工贸易企业而言，更不容易出口。因此，企业年龄对工业企业出口贸易的影响方向无法判断。本书分别利用样本年份减去企业开业年份得到"企业年龄"数据，即对于2005年的数据，利用"2005—企业开业年份"算得；对于2006年的数据，利用"2006—企业开业年份"算得。

2）企业规模（lnsize）。中国工业企业数据库中企业被划分为"大型""中型"和"小型"三种规模，但这一分类太过笼统，现有研究常用员工数量、工业总产值等表示。考虑到计算企业全要素生产率需要利用员工数量，为避免在回归过程中可能出现的共线性问题，本书利用"工业总产值"衡量企业规模，并取其对数形式。关于企业规模对企业出口的影响，企业规模越大，越容易实现规模经济，平均成本更低，越具有出口优势。

3）企业全要素生产率（tfp_ols）。全要素生产率是体现企业生产率和技术水平的重要指标。根据Melitz（2003）的企业异质性贸易模型，生产率较高的企业才能抵消出口贸易过程中增加的其他成本，即生产率越高，企业越倾向于出口。本书以工业增加值衡量企业产出，以从业人员和固定资产分别衡量劳动力投入和资本投入，同时控制企业所在地区和所属行业的固定效应，利用ols估计法分别算得2005年和2006年中国工业企业的全要素生产率（具体计算过程见附录5）。

4）企业研发（lnr&d）。企业研发和出口均是企业运营的重要活动。由于研发的成功能够提高企业生产率进而可能促进出口；而出口带来的更高收益可以为企业研发提供更多的资金支持，因此，企业研发和出口常被认为是具有互补性的企业活动（罗长远、季心宇，2015）。然而，由于研发和出口均需要事先支付一定的固定成本，当企业规模较小或面临融资约束时，研发和出口往往不能同时进行，需要企业进行权衡取舍，即企业研发和出口产生对彼此的"挤出"效应。本书将以工业企业的研究开发投入衡量企业研发程度，并取其对数形式。

5）企业实收外商资本（lnforei）。自中国加入世贸组织以来，外商资本大量涌入，并在中国境内投资建厂，构成占中国出口50%以上的加工贸易的主体。因此，企业实收外商资本越多，越可能从事出口贸易。相应数据来自中国工业企业数据库，并取其对数形式。

6）企业是否为国有企业（dummy_state）。一方面，国有企业的生产运营主要针对国内市场，尤其是关系国计民生的行业、高新技术行业等；另一方面，国有企业的规模相对较大，尤其是属于工业制造业行业的国有企业，出口贸易量往往也越大。本书根据中国工业企业数据库中企业的注册类型获得企业是否为国有企业的虚拟变量，即对注册类型为"110"的国有企业，赋值为1；反之，赋值为0。

7）出口目的国的信任水平（gen_trust）。前文提到，一国的信任水平能够影响本国居民对进口产品的接受态度。信任水平越高的国家，其居民往往更包容、更开放、更容易接受新事物。因此，出口目的国的信任水平越高，越有利于中国企业出口贸易的发展。考虑到信任水平在短期内不会出现本质变化，本书利用1981~2014年六轮世界价值观调查数据，分别计算了每轮调查的样本国家中回答信任相关问题时选择回答"大多数人都是可以信任的"受访者人数占各国所有受访者人数的比例测算各国的信任水平，最后以其平均值衡量样本国家的整体信任水平（各样本国家的整体信任水平数据见附录7）。

8）地理距离（lngeo_dis）。根据新经济地理学，地理距离是影响两国间经贸往来的重要变量：地理距离越远，运输成本越高，文化差异也往往越大，越不利于出口贸易的发展。相应数据来自CEPⅡ数据库统计的中国与各样本国间的地理距离，该地理距离以两国国内城市距离为基础，以人口作为权重计算得到。在回归过程中取其对数形式。

9）人均GDP差距（gdp_gap）。人均GDP差异能够反映国家间发展水平的差距。一般而言，一国的发展水平在很大程度上影响着消费者的

第五章 信任对中国企业出口及其二元边际的影响——基于国家间信任水平的视角

购买偏好。因此,国家间的人均 GDP 差异越小,居民的消费偏好越相近,从而促进贸易往来;反之,人均 GDP 差异越大,越不利于双边贸易往来。相关数据来源于世界银行数据库,并以 2005 年不变美元为准,回归中取其对数形式。具体的计算公式为:$\ln diff_{ijt}=\ln|perGDP_{it}-perGDP_{jt}|$。

10) 信息交流程度(connection)。一方面,国家间的交流和联系越多,对彼此国家的习俗、商业环境和规范等越了解,进而促进企业贸易往来;另一方面,国家间的交流越多,产生矛盾和误解的可能性也越高,增加贸易冲突机会,从而不利于贸易发展。因此,理论上无法判断信息交流程度对出口贸易的影响[1]。考虑到中国与各样本国家之间的双边信息交流数据缺失,本书利用样本国家每百人中使用互联网的用户数量来衡量各样本国家的信息交流程度。一般而言,信息交流程度越高,接触外来信息的可能性越大,对外来事物持有更开放、更包容的态度,越有利于贸易的发展。[2]

11) 孔子学院数量(confucian)。为更好地帮助世界各国人民学习汉语和了解中国文化,促进中国与各国的文化交流,中国国家汉语国际推广办公室于 2004 年启动了"孔子学院"大型项目,截至 2015 年底,已在全球 125 个国家(地区)成立了 471 所孔子学院和 730 个孔子课堂。孔子学院作为汉语言和中国文化传播的重要平台,使外国受众群体在自己国家就能亲身体验到原汁原味的中国文化,增强对中国文化的了解、感知和认同,提高对中国贸易产品的消费,促进中国与世界各国的贸易往来[3][4]。

12) 是否签订自贸区协定(fta):贸易伙伴国通过签订自由贸易区协定,减免大部分贸易商品的关税,取消大部分非关税壁垒、市场准入

---

[1] 曲如晓,曾燕萍. 文化多样性影响中国文化产品贸易的实证研究——基于面板 VAR 模型的分析 [J]. 首都师范大学学报(社会科学版), 2015 (4): 57-65.

[2] 数据来源于 2015 年世界银行发布的《世界发展指数》(*World Development Index*)。

[3] 曲如晓,曾燕萍. 孔子学院对中国文化产品出口的影响 [J]. 经济与管理研究, 2016 (9): 69-76.

[4] 资料来源于历年《国家汉办年度报告》。

限制等，因此，自由贸易区协定能够促进国家间的贸易往来。截至2016年10月，在样本国家中已与中国签订自由贸易协定的国家有澳大利亚、巴基斯坦、韩国、秘鲁、新西兰、智利和东盟十国中的马来西亚、印度尼西亚、泰国、菲律宾、新加坡和越南。与中国已签订自由贸易协定的国家，赋值为1；反之，赋值为0。①

13）是否相邻（neighbor）。一方面，相邻国家之间的地理距离相对较近，且文化相似性程度较高，运输成本和交流成本均减小，有利于国家间的贸易往来；另一方面，相邻国家面临领土、领海等争端的可能性更大。此外，相邻国家的文化、要素禀赋等相似性相对较高，导致各国居民对贸易商品需求的替代性更高，相邻国家间的贸易商品容易产生相互竞争，从而不利于贸易往来。在样本国家中，与中国相邻的国家有俄罗斯、巴基斯坦、印度、越南；与中国隔海相望的国家有韩国、日本、菲律宾、马来西亚和印度尼西亚。对于与中国陆地相邻或隔海相望的国家，赋值为1；反之，赋值为0。

此外，在实证检验过程中，本书还引入了两位数行业的虚拟变量、31个省（自治区、直辖市）的虚拟变量，以及样本国家所在州②的虚拟变量，以分别控制行业固定效应、企业所在地的地区固定效应和样本国家所在地的地区固定效应。主要变量的描述性统计（见表5-2）。

表5-2 主要变量的描述性统计

变量符号	变量含义	观测值	均值	标准差	最小值	最大值
lnex	企业出口	4732646	9.240	2.179	0.693	19.596
bi_trust	国家间信任水平	4732646	4.806	0.656	2.699	5.959
age	企业年龄	4424463	8.581	7.596	0.000	167.000
lnsize	企业规模	4424463	11.459	1.577	4.615	18.896
tfp_ols	要素生产率	4424382	2.427	0.922	-6.212	7.347

---

① 相关资料来源于中国自由贸易区服务网，http：//fta.mofcom.gov.cn/。
② 根据样本国家所处位置分为：亚洲、美洲、欧洲、非洲、大洋洲。

第五章 信任对中国企业出口及其二元边际的影响——基于国家间信任水平的视角

续表

变量符号	变量含义	观测值	均值	标准差	最小值	最大值
lnr&d	企业研发	4424320	1.492	3.049	0.000	15.579
lnforei	外商资本	4424463	3.991	4.852	0.000	16.215
dummy_state	是否国有	4732646	0.004	0.069	0.000	1.000
gen_trust	信任水平	4365581	34.319	11.288	5.655	69.522
lngeo_dis	地理距离	4732646	8.579	0.825	6.907	9.857
gdp_gap	人均GDP差异	4732646	9.752	1.295	5.380	11.067
connection	信息交流程度	4732646	54.610	23.183	2.388	87.760
confucian	孔子学院	4732646	10.101	11.157	0.000	39.000
fta	是否有自贸协定	4732646	0.251	0.434	0.000	1.000
neighbor	是否相邻	4732646	0.358	0.479	0.000	1.000

三、实证结果及分析

1. 全样本的基准回归

考虑到 2005 年、2006 年数据中的企业不完全一致，构成非平行面板数据，因此，本书实证主要采用混合回归方法。全样本的混合回归结果（见表 5-3）。

表 5-3 全样本混合回归结果

企业出口	(1)	(2)	(3)	(4)
国家间信任	0.294 *** (0.005)	0.292 *** (0.005)	0.115 *** (0.002)	0.061 *** (0.002)
企业年龄		-0.002 *** (0.000)		-0.002 *** (0.000)
企业规模		0.178 *** (0.001)		0.187 *** (0.001)
全要素生产率		-0.009 *** (0.001)		-0.008 *** (0.001)

续表

企业出口	(1)	(2)	(3)	(4)
企业研发		-0.014*** (0.000)		-0.014*** (0.000)
外商资本		0.002*** (0.000)		0.004*** (0.000)
是否国有		0.201*** (0.015)		0.182*** (0.015)
信任水平			-0.0001 (0.000)	0.0003*** (0.000)
地理距离			-0.391*** (0.006)	-0.384*** (0.006)
人均GDP差距			-0.101*** (0.003)	-0.091*** (0.003)
信息交流			0.002*** (0.000)	0.001*** (0.000)
孔子学院			0.010*** (0.000)	0.008*** (0.000)
是否签订自贸协定			0.158*** (0.005)	0.104*** (0.005)
是否相邻			-0.158*** (0.008)	-0.207*** (0.008)
企业地区固定效应	否	是	否	是
国家地区固定效应	否	否	是	是
行业固定效应	否	是	否	是
观测值数目	4732646	4424239	4365581	4079231
R^2	0.0003	0.0389	0.0134	0.0523

注：*、**、***分别表示10%、5%、1%的显著性水平；括号内为稳健标准误。

表5-3中的第（1）列只考虑了国家间信任bi_trust这一变量，其系数为0.294，且在1%的水平上统计显著，表明贸易伙伴国间信任水

第五章 信任对中国企业出口及其二元边际的影响——基于国家间信任水平的视角

平对中国企业出口贸易存在显著的正向作用：中国与贸易伙伴国间信任水平提高 1 单位，中国企业到对应国家的出口贸易额增加 0.294 个单位。第（2）列和第（3）列分别引入了企业年龄、企业规模、全要素生产率等企业层面变量，以及出口目的国信任水平、地理距离、人均 GDP 差异等国家层面变量，由回归结果可知，国家间信任水平的估计系数均显著大于 0，表明了国家间信任水平与企业出口贸易之间存在正向关系。第（4）列综合考虑了国家间信任水平、企业层面的控制变量、国家层面的控制变量，以及行业、地区固定效应，回归结果表明，国家间信任水平的系数为 0.061，在 1% 的水平上统计显著，说明在其他变量不变的情况下，中国与样本国家间的信任水平越高，中国企业到对应国家的出口贸易额增加。对于其他控制变量，企业年龄 age 的系数为 -0.002，且在 1% 的水平上统计显著，表明企业年龄越大，企业出口量反而越少。在中国，年龄越大的企业往往可能是中国本土企业，相比"更年轻"的外资企业或加工贸易企业而言，出口量更少。

（1）从企业规模 lnsize 来看，规模越大的企业，规模效应越明显，越具有成本优势，因此，出口量越多。一方面，全要素生产率 tfp_ols 的回归系数为 -0.008，且在 1% 的水平上显著，表明全要素生产率越高的企业，出口反而越少。这一结果与中国出口长期以加工贸易为主有关，即生产率较低的加工贸易企业反而出口更多，导致中国企业出口的"生产率悖论"[①]。企业研发 lnr&d 的系数显著为负（-0.014），表明企业研发与出口存在一定程度的挤出效应，对于规模有限或存在融资约束等问题的企业而言，研发还是出口往往只能"二选一"。另一方面，研发投入越多的企业，从事加工贸易生产的可能性越小，出口贸易量也越少。企业实收外商资本 lnforei 越多，越可能是外商直接投资、外商合资或合营企业，从事贸易生产的可能性越高，因而相应的企业出口额增

[①] 李春顶（2010）较早提出，中国出口长期以加工贸易为主，而加工贸易企业的生产率往往较低，导致中国出现生产率低的企业反而出口更多的现象，即中国企业出口的"生产率悖论"。

加。对于国有企业dummy_state而言,由于国有企业规模相对较大,尤其是工业制造行业的国有企业,因此,其回归系数显著为正(0.182),即国有企业比非国有企业的出口额更高。

(2)从国家层面的控制变量来看,样本国家信任水平gen_trust的系数为0.0003,虽然数值较小,但在1%的水平上显著。表明出口目的国信任水平越高,越有利于中国企业对该国的出口贸易。信任水平越高的国家,其居民往往更开放、包容,越有可能是贸易自由化的支持者,对进口商品的接受度更高。地理距离lngeo_dis是阻碍国家间贸易发展的重要因素,其回归系数显著为负(-0.384),该结果与现有研究发现"地理距离与出口贸易存在显著负相关"的结论基本一致。人均GDP差距gdp_gap的回归系数为-0.091,且在1%的水平上统计显著。一方面,人均GDP差距越大,居民的消费偏好相差越远,共同需求的商品越少;另一方面,人均GDP差距在很大程度上反映了经济发展水平的差距。从本书估计结果来看,人均GDP差距越大,越不利于国家间的贸易往来。信息交流程度connection的系数显著为正,说明信息交流程度越高,越有利于贸易的发展。此外,孔子学院数量confucian以及是否签订自由贸易协定fta系数均为正,表明孔子学院在样本国家成立,以及自贸区建立均有助于中国企业出口贸易的发展。从是否相邻neighbor来看,中国企业与相邻国家之间的贸易反而越少(-0.207)。可能的原因是,一方面,虽然相邻国家的地理距离较近,同时面临的领土、领海等争端的可能性也越大,由此引发的矛盾与冲突不利于贸易往来;另一方面,相邻国家的经济发展水平多数与中国的经济发展水平相当甚至更低,贸易商品容易形成相互竞争关系,与这些国家的贸易往来也明显少于与欧美等发达国家的贸易。因此,综合来看,越是相邻的国家,中国企业对该国的出口反而更小。

基准回归结果表明,中国与样本国家间的信任有助于促进中国企业对相应国家的出口贸易发展,中国与贸易伙伴国间的信任水平越高,中国企业到该国的出口贸易额增长。

第五章　信任对中国企业出口及其二元边际的影响——基于国家间信任水平的视角

2. 分样本的回归结果

不同性质企业出口、不同贸易方式出口、不同地区出口目的国出口以及不同差异化程度的产品出口面临的贸易风险和不确定性存在差异，国家间信任水平对不同类型的出口贸易的影响可能不同。考虑到中国工业企业数据库和海关贸易数据库中丰富的变量信息为比较研究国家间信任水平对企业出口贸易的影响是否由于企业性质、贸易方式、产品差异化程度等不同而改变提供了有效数据，因此，本书将从不同性质企业出口、不同贸易方式出口、不同地区出口目的国出口以及不同差异化产品出口四个方面进行分样本回归。

（1）不同性质企业出口。根据中国工业企业数据库中的企业"注册类型"，本书将所有工业企业分为"国有企业、私营企业、外资企业和其他类型企业"四大类。其中，私营企业包括私营独资企业、私营合伙企业、私营股份有限企业和私营有限责任企业；外资企业包括港澳台外资或其他外资的外商独资企业、外商合资企业和外商合营企业；其他类型企业包括集体企业、联营企业、股份合作企业等。考虑到其他类型企业包含多种不同类型的企业，回归结果难以全面反映其中不同类企业的具体情况，因此，表5-4中第（1）~（3）列只分别报告了针对国有企业、私营企业、外资企业进行的分样本回归结果。

可以看出，国家间信任水平对国有企业出口贸易发展不存在显著影响，对私营企业出口和外资企业出口产生显著的正向作用，其回归系数分别为0.251和0.303。其他控制变量对中国企业出口的影响与全样本回归中的结果基本一致。需要指出的主要有：对于国有企业而言，企业年龄、实收外商资本、地理距离、是否相邻等对国有企业出口不存在显著影响；其他控制变量对私营企业出口和外资企业出口存在的影响相似，且出口目的国信任水平对私营企业及外资企业出口的影响均不显著。

表 5-4 分样本的回归结果（不同性质企业、不同贸易方式）

企业出口	不同企业性质			不同贸易方式	
	（1）国有企业	（2）私营企业	（3）外资企业	（4）一般贸易	（5）加工贸易
国家间信任	-0.026 (0.052)	0.251*** (0.007)	0.303*** (0.009)	0.321*** (0.010)	0.304*** (0.010)
企业年龄	-0.001 (0.001)	-0.004*** (0.000)	-0.009*** (0.000)	-0.003*** (0.000)	-0.002*** (0.000)
企业规模	0.374*** (0.015)	0.197*** (0.002)	0.176*** (0.001)	0.220*** (0.001)	0.224*** (0.001)
要素生产率	-0.045*** (0.017)	-0.022*** (0.003)	0.002 (0.002)	0.066*** (0.002)	0.062*** (0.002)
企业研发	-0.039*** (0.005)	-0.028*** (0.001)	-0.014*** (0.001)	0.012*** (0.001)	0.015*** (0.001)
外商资本	-0.007 (0.010)	-0.007*** (0.002)	0.002*** (0.000)	0.004*** (0.000)	0.006*** (0.000)
是否国有				0.196*** (0.037)	0.161*** (0.037)
信任水平	0.005*** (0.001)	0.0001 (0.000)	0.0003 (0.000)	0.003*** (0.000)	0.002*** (0.000)
地理距离	0.010 (0.059)	-0.356*** (0.011)	-0.389*** (0.007)	-0.415*** (0.010)	-0.375*** (0.010)
人均 GDP 差距	0.079** (0.040)	-0.124*** (0.006)	-0.091*** (0.004)	-0.056*** (0.006)	-0.046*** (0.046)
信息交流	0.006*** (0.002)	0.002*** (0.000)	-0.0002 (0.000)	0.0002 (0.000)	0.0002 (0.000)
孔子学院	0.011*** (0.002)	0.008*** (0.000)	0.008*** (0.000)	0.009*** (0.000)	0.010*** (0.000)
是否有自贸协定	-0.128** (0.059)	0.024** (0.010)	0.145*** (0.007)	0.157*** (0.010)	0.181*** (0.010)
是否相邻	0.122 (0.080)	-0.129*** (0.013)	-0.262*** (0.011)	-0.306*** (0.016)	-0.279*** (0.015)
企业地区固定效应	是	是	是	是	是

第五章　信任对中国企业出口及其二元边际的影响——基于国家间信任水平的视角

续表

企业出口	不同企业性质			不同贸易方式	
	（1）国有企业	（2）私营企业	（3）外资企业	（4）一般贸易	（5）加工贸易
国家地区固定效应	是	是	是	是	是
行业固定效应	是	是	是	是	是
观测值数目	21721	716580	2905211	1381187	1365365
R^2	0.163	0.068	0.044	0.092	0.101

注：*、**、***分别表示10%、5%、1%的显著性水平；括号内为稳健标准误。

（2）不同贸易方式出口。不同贸易方式的出口对进出口商之间的信任水平要求不同。一般而言，加工贸易往往是有关联的外商投资企业，因此，出口商与进口商往往已建立一定关系。相比一般贸易出口而言，国家间的信任水平对企业加工贸易出口的影响较小。根据海关贸易数据库的统计，本书将所有企业出口按照贸易方式的不同分为"一般贸易、加工贸易和其他贸易"三大类。其中加工贸易包括出料加工贸易和来料加工装配贸易；其他贸易包括易货贸易、边境小额贸易、租赁贸易等。考虑到其他贸易方式的出口贸易额较小，本书仅在表5-4中的第（4）列和第（5）列报告了一般贸易出口和加工贸易出口的分样本回归结果。

从表5-4可以看出，中国与样本国家间的信任水平对一般贸易出口和加工贸易出口均存在显著的正向作用，且对一般贸易出口的影响（回归系数为0.321）略大于对加工贸易出口的影响（回归系数为0.304）。加工贸易出口由于事先与外国企业存在不同程度的关联，国家间信任水平对企业加工贸易出口的促进作用小于国家间信任水平对一般贸易出口的作用。

在其他控制变量中，除样本国家信息交流程度的影响不再显著之外，企业年龄、企业规模、企业研发、实收外商资本、要素生产率、信

信任对中国企业出口影响的实证研究

任水平、地理距离等控制变量对一般贸易出口及加工贸易出口的影响均类似，且与上文全样本回归结果基本一致。

(3) 不同地区出口目的国出口。本书涉及的样本国家中，既有美国、加拿大、阿根廷、巴西等位于美洲地区的国家，还有法国、意大利、匈牙利、西班牙等位于欧洲地区的国家，以及日本、韩国、新加坡、马来西亚等位于亚洲地区的国家。不同地区与中国的地理距离差异明显，对中国的整体印象不同，受中国文化影响不同。如亚洲地区的国家，由于地理位置较近，受中国儒家文化影响较多，在交易过程中可能更倾向相信对方。为此，本书根据出口目的国所在地区将样本划分为美洲地区国家、欧洲地区国家和亚洲地区国家，实证中国与贸易伙伴国间信任水平对企业出口贸易的影响是否因出口目的国所在地区而不同，以粗略考察国家间信任水平对中国企业出口贸易区位选择的作用。表5-5中的第(1)~(3)列分别报告了美洲地区国家、欧洲地区国家和亚洲地区国家的分样本回归结果。

由表5-5结果可以看出，整体来看，不管样本国家位于美洲、欧洲还是亚洲，中国与样本国家间的信任水平对中国企业到相应国家的出口贸易额存在显著的正向作用，这一结果进一步验证了基准回归中"国家间信任水平与中国企业出口的正相关关系"的发现。

对比美洲国家、欧洲国家、亚洲国家的分样本回归结果来看，国家间信任水平对中国企业出口到美洲国家的贸易额产生的影响最大，其回归系数为0.930；其次是对中国企业出口到亚洲国家的贸易额，回归系数为0.475；国家间信任水平对中国企业出口到欧洲国家的贸易额产生的影响最小，回归系数为0.371。对于美洲国家而言，一方面，美洲国家与中国的地理距离远于欧洲国家、亚洲国家与中国的地理距离，导致国家间信任在中国与美洲国家间贸易往来中发挥的作用更大；另一方面，位于美洲的国家有美国、加拿大、阿根廷、巴西、哥伦比亚、秘鲁、墨西哥、委内瑞拉、乌拉圭、智利等10国，除了美国和加拿大属于较发达国家之外，其他国家均属于发展中国家。根据世界价值观调查

数据，发达国家的信任水平一般高于发展中国家的信任水平，而一国自身的信任水平影响着该国对他人的信任，进而影响该国与其贸易伙伴间的信任水平，因此，美洲地区的发达国家较少，使得国家间信任对中国企业出口到美洲地区国家的贸易额影响更大。对于亚洲国家而言，一方面，由于地理距离相对更近，文化相似性程度更高，其他亚洲国家对中国的制度环境、商业规则等更为了解；另一方面，由于这种对中国制度环境、商业规则的更为熟知，中国商业交易中的"关系""后门"等国内商业惯例导致其他亚洲国家在与中国商人进行贸易往来时更为谨慎。此外，地理位置的相近导致相邻国家之间产生更多的摩擦和争议。多重因素导致中国与其他亚洲国家间的信任对中国企业出口到这些国家的贸易额产生的影响较大。对于欧洲国家而言，中欧关系一直处于良好状态，且欧洲国家多为信任水平较高的发达国家，因此，中国与欧洲国家间的信任对中国企业出口到欧洲国家的贸易额影响相对最小。

从其他控制变量来看，企业年龄、企业规模、企业研发、实收外商资本等企业层面的控制变量对中国企业出口的影响类似于基准回归中的实证结果，再次验证了基准回归结果的科学性和稳健性。在国家层面的控制变量中，人均 GDP 差距、是否签订自贸区协定、是否相邻这三个变量对中国企业出口到不同地区国家的贸易产生的影响存在差异。具体来看，美洲国家和欧洲国家的分样本回归中，人均 GDP 差距的系数均为正，分别为 0.562 和 0.131，且都在 1% 的水平上统计显著；在亚洲国家的分样本回归中，人均 GDP 差距的系数显著为负（-0.168）。表明人均 GDP 差距越大，中国企业出口到美洲国家和欧洲国家的贸易额越高，到亚洲国家的贸易额越低。可能的原因是美洲国家和欧洲国家与中国之间的地理距离较远，要素禀赋结构差异较大，美洲国家和欧洲国家的贸易产品与中国企业出口的贸易产品存在更高程度的互补性，因此，当人均 GDP 差距越大时，互补性程度越高，中国企业出口到这两个地区的贸易额增加；相比而言，多数亚洲国家与中国同属于发展中国家，且均受中国文化影响较多，消费偏好类似，因此，人均 GDP 差距越小,中国企业出口到其他亚洲国家的贸易额越大;反之,人均GDP差距越大,相应的出口额越小。是否签订自由贸易区协定对中国企业出口到其他亚洲国家的贸易发展存在显著的正向作用,对美洲国家的出口贸易不存在显著影响,由于尚无中欧自由贸易区协定而无法判断对欧洲国家出口贸易的影响。目前中国已与美洲地区的智利、秘鲁签订了自由贸易区协定,但相比中国与美国、加拿大、巴西等国的贸易往来而言,中国智利、中国秘鲁自由贸易区协定对中国企业出口到智利、秘鲁的贸易额增长产生的影响较小。对于亚洲国家而言,中国已与巴基斯坦、马来西亚、印度尼西亚、泰国、菲律宾、新加坡和越南等国均签订了自由贸易区协定,因此,是否签订自由贸易区协定对中国企业出口到其他亚洲国家的贸易增长存在显著的促进作用。从是否相邻来看,欧洲国家的分样本回归系数显著为正(1.035),亚洲国家的分样本回归系数显著为负(-0.391)。可能的原因是,虽然相邻国家的地理距离较近,但是相邻国家面临领土、领海等争端和矛盾的可能性也越大,因此,在亚洲国家的分样本回归中,是否相邻对中国企业出口到亚洲国家的贸易发展产生显著不利影响。

(4) 不同差异化产品出口。Rauch (1999) 提出,根据产品价格的公开程度可将贸易产品分为三大类:第一类是在有组织的场所进行交易的同质产品,如农产品等大宗商品,这类贸易产品的交易一般具有设定的成本价格,且设定价格不随交易量改变;第二类是不在有组织的场所进行交易但具有"参考价格"(Reference Price)的产品,这类产品的价格通常定期在相关专业出版物上发布;第三类是既不在有组织的场所进行交易、又没有"参考价格"的差异化产品。消费者在购买不同差异化程度的贸易产品时对产品相关信息的要求不同。一般而言,同质产品由于在固定有组织的场所进行交易,能够提供官方报价和基本行情信息,因此,受信息不对称或信息壁垒的影响相对较小;而差异化产品往往由于其功能、技术、外观设计、文化内涵等特性而吸引消费者的购买,因此,消费者对差异化产品的选择更加依赖对产品来源国的信任程

第五章　信任对中国企业出口及其二元边际的影响——基于国家间信任水平的视角

度。即国家间信任水平对不同差异化程度产品出口的影响存在不同。

本书根据 Rauch（1999）的分类将贸易产品划分为低差异化产品（同质产品）、中差异化产品（"参考价格"产品）和高差异化产品（吴小康，2015）。具体来看，Rauch（1999）对 SITC（REV.2）四位数编码的贸易产品进行了分类，考虑到中国工业企业数据库和海关贸易数据库均未统计贸易产品的 SITC 编码，但海关贸易数据库统计了贸易产品的 HS 编码，因此，在实证回归过程中，首先，根据联合国商品贸易数据库（UN COMTRADE）给出的 HS 编码和 SITC 编码互换对照表①；其次，将海关贸易数据库中的产品 HS 编码换为 SITC（REV.2）编码②，进而根据 Rauch（1999）的分类获得出口低差异化产品、中差异化产品、高差异化产品的样本企业。表5-5 中的第（4）~（6）列报告了不同差异化程度贸易产品的分样本回归结果。

可以看出，首先是国家间信任对中国企业出口低差异化产品、中差异化产品及高差异化产品均存在显著的积极影响，该结果再次验证了基准回归中"国家间信任促进中国企业出口贸易"这一发现。具体来看，低差异化产品的回归系数最小（0.196）；其次是中差异化产品的回归系数（0.242），高差异化产品的回归系数最大（0.293）。表明国家间信任对不同差异化产品出口的影响不同，对低差异化产品出口的促进作用最小、对高差异化产品出口的作用最大，这一结果与前文分析及理论预期基本一致。

对于其他控制变量，除是否属于国企的估计系数不同之外，不同差异化程度产品的分样本回归结果均相似，只是数量大小的区别，企业年龄、企业规模、企业研发等变量对不同差异化产品出口存在的影响没有本质区别。对于是否国有企业，其对低差异化产品出口存在的影响显著

---

① http://unstats.un.org/unsd/trade/conversions/HS%20Correlation%20and%20Conversion%20tables.htm。

② 本书样本年份为2005年和2006年，因此 HS 编码为 HS 2002 版本；此外，海关数据库中统计的 HS 码一般为八位，其中前六位与国家贸易组织通用，因此互换时采用 HS 2002 的六位码与 SITC（REV.2）码互换。

为负（-0.381），对中、高差异化产品出口的影响均显著为正（分别为 0.375 和 0.077）。表明对于低差异化产品，国有企业比非国有企业的出口额少；对于中差异化产品和高差异化产品，国有企业的出口额则高于非国有企业出口额。

表 5-5 分样本的回归结果（不同地区出口目的国、不同差异化产品）

企业出口	不同地区的出口目的国			不同差异化程度的贸易产品		
	（1）美洲	（2）欧洲	（3）亚洲	（4）低差异化产品	（2）中差异化产品	（3）高差异化产品
国家间信任	0.930 *** (0.110)	0.371 *** (0.024)	0.475 *** (0.008)	0.196 *** (0.061)	0.242 *** (0.016)	0.293 *** (0.005)
企业年龄	-0.004 *** (0.000)	-0.006 *** (0.000)	-0.0004 (0.000)	-0.006 *** (0.001)	-0.004 *** (0.000)	-0.002 *** (0.000)
企业规模	0.232 *** (0.002)	0.204 *** (0.002)	0.156 *** (0.001)	0.370 *** (0.012)	0.249 *** (0.003)	0.180 *** (0.001)
全要素生产率	-0.011 *** (0.002)	-0.048 *** (0.003)	-0.024 *** (0.002)	-0.032 ** (0.014)	-0.020 *** (0.004)	-0.003 ** (0.001)
企业研发	-0.014 *** (0.001)	-0.002 *** (0.001)	-0.023 *** (0.001)	-0.070 *** (0.006)	-0.032 *** (0.001)	-0.010 *** (0.000)
外商资本	0.008 *** (0.000)	0.008 *** (0.001)	0.001 *** (0.000)	-0.002 (0.003)	0.021 *** (0.001)	0.002 *** (0.000)
是否国有	0.165 *** (0.029)	0.253 *** (0.037)	0.168 *** (0.022)	-0.381 ** (0.150)	0.375 *** (0.034)	0.077 *** (0.018)
信任水平	0.047 *** (0.002)	0.001 * (0.001)	0.006 *** (0.000)	-0.001 (0.002)	-0.001 (0.000)	0.0004 *** (0.000)
地理距离	-0.317 *** (0.056)	-0.704 *** (0.066)	-0.205 *** (0.008)	-0.055 (0.057)	-0.304 *** (0.018)	-0.386 *** (0.006)
人均 GDP 差距	0.562 *** (0.016)	0.131 *** (0.009)	-0.168 *** (0.007)	-0.039 (0.043)	-0.121 *** (0.013)	-0.094 *** (0.003)
信息交流	0.011 *** (0.001)	0.010 *** (0.001)	0.006 *** (0.000)	0.002 (0.002)	0.002 *** (0.001)	0.001 *** (0.000)

第五章　信任对中国企业出口及其二元边际的影响——基于国家间信任水平的视角

续表

企业出口	不同地区的出口目的国			不同差异化程度的贸易产品		
	（1）美洲	（2）欧洲	（3）亚洲	（4）低差异化产品	（2）中差异化产品	（3）高差异化产品
孔子学院	0.002*** (0.000)	0.007*** (0.001)	0.004*** (0.001)	-0.003 (0.002)	0.011*** (0.001)	0.008*** (0.000)
是否有自贸协定	-0.037 (0.023)		0.262*** (0.014)	-0.048 (0.069)	0.032* (0.018)	0.111*** (0.006)
是否相邻		1.035*** (0.043)	-0.391*** (0.012)	-0.077 (0.091)	-0.138*** (0.025)	-0.211*** (0.008)
企业地区固定效应	是	是	是	是	是	是
国家地区固定效应	否	否	否	是	是	是
行业固定效应	是	是	是	是	是	是
观测值数目	1273365	716943	1766044	20745	278142	3640727
R^2	0.053	0.071	0.044	0.261	0.197	0.043

注：*、**、***分别表示10%、5%、1%的显著性水平；括号内为稳健标准误。考虑到非洲地区和大洋洲地区均只有两个国家（分别为摩洛哥、南非和澳大利亚、新西兰），样本量较少，因此，回归只考虑了美洲、欧洲和亚洲这三种情况。

3. 稳健性检验

上文全样本回归及分样本回归结果表明，中国与样本贸易伙伴国间的信任水平越高，中国企业到对应国家的出口贸易额越大。为进一步验证这一回归结果是否稳健，本书使用两种方法对此进行稳健性检验。

（1）缩尾处理。本书回归使用了中国工业企业数据库和海关贸易数据库，涉及的数据量较大，为防止异常值对回归结果产生影响，本书对企业出口额、国家间信任以及除是否国有、是否签订自贸区协定、是否相邻等虚拟变量之外的其他控制变量进行了1%的缩尾处理，并在此基础上再次实证检验国家间信任水平对中国企业出口贸易的影响。表5-6中的第（1）列报告了回归结果。

可以看出，国家间信任的估计系数为0.304，且在1%的水平上统计显著，表明在排除异常值对回归结果的影响后，国家间信任水平对中国企业出口贸易仍存在显著的正向作用。对于其他控制变量，企业规模、实收外商资本、是否国有、信息交流、孔子学院建立、是否签订自贸区协定均对中国企业出口存在显著正向影响；企业年龄、企业研发、企业要素生产率、地理距离、人均GDP差距以及是否相邻对中国企业出口产生显著负向影响。这一回归结果与前文基准回归结果基本一致，表明"国家间信任对中国企业出口贸易存在显著的促进作用"这一估计结果是稳健的，且其他控制变量对中国企业出口的影响均不受数据缩尾处理的影响。

（2）以文化距离作为国家间信任水平的代理变量。在基准回归中，本书利用遗传距离作为衡量国家间信任水平的代理变量。一方面，基因的不同是导致文化、宗教、习俗、制度等不同的根本原因，进而造成群体间的不信任；另一方面，基因不同带来的外貌体征上的差异进一步强化了不同群体间的不信任。因此，遗传距离在很大程度上能够衡量不同种群间的信任水平。除此之外，进出口商之间的不信任也常由文化的差异导致，例如，价值观、信仰、思维方式、法律体系等方面的不同往往导致贸易伙伴间的误解、矛盾甚至不信任，文化差异程度也是衡量国家间信任水平的重要变量。已有文献常用不同国家间的文化距离衡量文化差异程度（Hofstede，1991）。

Hofstede（1991）提出"文化维度理论"，并构造了文化距离测算指标。"文化维度理论"从权力距离（PDI）、个人/集体主义（IDV）、男性/女性气质（MAS）、不确定规避（UAI）、长期取向（LTO）、放纵与克制（IVR）①等六个维度衡量了一国居民所共享的传统习惯、信仰、风俗、行为准则等文化内涵特性，并对各国的六个文化维度进行评分，据此可测度国家间的文化差异程度。其中：①权力距离（Power Distance，PDI）是指组织或机构中权利较小的成员接受并期望权利和地

---

① Hofstede（2010）在著作 *Cultures and Organizations*：*Software of the Mind*（Third Edition）中引入了第六个文化维度"放纵与克制"（Indulgence Versus Restraint，IVRI）。

位分布不平等的程度。②个人主义与集体主义（Individualism Versus Collectivism，IDV）体现了社会中个人与群体之间的关系。重视个人主义的文化倾向更强调个人权利与自由，结成松散的社会结构，并极其关注自尊，如西方文化；集体主义强调并推崇成员之间的和谐，从而结成一种紧密的社会结构，如儒家文化。③男性与女性气质（Masculinity Versus Femininity，MVS）表示不同社会对男女角色与分工的差异。一般而言，男性气质倾向的社会强调两性的社会性别角色差别明显，男性应表现得更自信、坚强及注重物质成就，女性应该更谦逊、温柔和关注生活质量；女性气质倾向的社会则强调两性的社会性别角色相互重叠，男性与女性都表现得谦虚、恭顺以及关注生活质量。一般可以从对性别角色定位的传统与保守程度、对获取财富的推崇程度以及对人际关系和家庭生活质量的重视程度来考虑。④不确定规避（Uncertainty Avoidance，UAI）衡量了社会对不确定、意义不明确事物的宽容程度，表示一定文化背景下的人们在社会尚无秩序的状态下是否舒适，舒适程度又如何。对于规避不确定性的国家，人们更容易被影响，主观能动性也更强；相反，在接受不确定性的文化中，人们对不同于传统的观点更宽容，并努力减少规矩。⑤长期取向（Long-term Orientation，LTO）表示不同社会对长期利益与短期利益的取舍。长期取向的文化中人们更关注未来，重视节俭、长期投资、实效，且对社会关系和等级关系敏感；在短期取向的文化里，人们的价值观更倾向于过去和现在，尊重传统、关注社会责任的履行。⑥放纵与克制（Indulgence Versus Restraint，IVR）体现不同社会对享乐的追求与满足程度。倾向放纵表示一个国家允许人们追求自由和享受生活乐趣；倾向克制表示国家通过严格的社会规范压抑和管制人们追求和享受生活乐趣①。附录8报告了中国及各样本国家的文化维度得分（Hofstede，2010）。

基于Hofstede（1991）调查获得的不同国家的文化维度得分，Kogut

---

① http://geerthofstede.com/research-and-vsm/dimension-data-matrix/，2016年10月登录。

和 Singh（1998）提出利用各文化维度离差而构造得到的文化距离测算指标，本书将借鉴 Kogut 和 Singh（1998）提出的文化距离测算指标，并将这一指标扩展到六个文化维度，具体可表示为：

$$d_{ij} = \left[\sum_{k=1}^{6}(I_{ik}-I_{jk})^2/V_k\right]/6 \qquad (5-6)$$

其中，I_{ik} 表示 i 国在第 k 个文化维度上的得分，I_{jk} 表示 j 国在第 k 文化维度上的得分；V_k 表示所有样本国家第 k 个维度的方差。本书利用此公式算得中国与各样本国家之间的文化距离，并以其倒数作为衡量国家间信任水平的代理变量[①]。

表 5-6 中的第（2）列报告了以文化距离倒数衡量国家间信任水平的回归结果。可以看出，国家间信任的估计系数为 0.015，在 1% 的水平上统计显著，表明即使利用不同的变量衡量国家间信任水平，中国与各贸易伙伴国间的信任水平仍对中国企业出口贸易存在显著的正向影响，再次验证了本书基本结论的稳健性。对于其他控制变量，回归系数与基准回归中的各变量系数，以及缩尾处理稳健性回归中各变量的系数只存在数值上的差异，而正负号和稳健性均一致，表明其他控制变量对中国企业出口的影响也是稳健的。

表 5-6　稳健性回归结果（国家间信任对中国企业出口贸易的影响）

企业出口	（1）1%缩尾处理	（2）文化距离
国家间信任	0.304*** （0.005）	0.015*** （0.001）
企业年龄	-0.003*** （0.000）	-0.002*** （0.000）
企业规模	0.182*** （0.001）	0.186*** （0.001）
企业研发	-0.013*** （0.000）	-0.013*** （0.000）

---

① 曾燕萍. 文化多样性测度及其影响中国文化产品贸易的实证研究 [D]. 北京师范大学硕士学位论文，2014.

第五章　信任对中国企业出口及其二元边际的影响——基于国家间信任水平的视角

续表

企业出口	（1）1%缩尾处理	（2）文化距离
外商资本	0.005*** (0.000)	0.005*** (0.000)
要素生产率	-0.008*** (0.001)	-0.005*** (0.001)
是否国有	0.147*** (0.015)	0.146*** (0.016)
信任水平	0.0001 (0.000)	0.001*** (0.000)
地理距离	-0.384*** (0.005)	-0.258*** (0.005)
人均GDP差距	-0.079*** (0.003)	-0.010*** (0.004)
信息交流	0.002*** (0.000)	0.004*** (0.000)
孔子学院	0.008*** (0.000)	0.010*** (0.000)
是否有自贸协定	0.113*** (0.005)	0.014*** (0.005)
是否相邻	-0.208*** (0.008)	0.125*** (0.006)
企业地区固定效应	是	是
国家地区固定效应	是	是
行业固定效应	是	是
观测值数目	3939614	3939614
R^2	0.051	0.051

注：*、**、*** 分别表示10%、5%、1%的显著性水平；括号内为稳健标准误。

四、内生性问题

从理论上来看，国家间信任水平与对应国家间的出口贸易发展存在相互作用、相互影响的关联，实证回归中必然存在内生性问题，即国家间信任水平提高能够促进双边贸易发展；与此同时，随着双边贸易发展的深化，双边交流与合作加强，进而有助于提升国家间信任水平。但从本书的实证来看，选取的是2005年和2006年的两期数据，样本年份跨度较短，中国与主要贸易伙伴国间的信任水平变动很小，难以观测，因此，国家间信任水平与双边出口贸易之间的内生性问题对本书估计结果无偏性和有效性的影响几乎可以忽略。

第三节 信任对中国企业出口二元边际的影响

根据Melitz（2003）异质性企业模型，首先，当经济由封闭状态转为开放状态时，出口目的国的消费者能够购买到的产品种类增加，即产生出口增长的扩展边际（Extensive Margin，EM）；当出口成本进一步降低时，每种产品的出口量将增加，即出现出口增长的集约边际（Intensive Margin，IM）。研究表明中国企业出口的增长主要来源于每种产品出口量增加的集约边际；其次是产品种类增加的扩展边际。那么中国与贸易国家间的信任对中国企业出口增长的扩展边际和集约边际有何影响？对两者的影响是否存在差异？本书将对中国企业出口增长的二元边际进行分解，并实证检验国家间信任对中国企业出口增长二元边际的影响。

一、中国企业出口的二元边际分解

现有文献一般从三个角度对贸易增长进行二元边际分解：一是从企业层面出发，将扩展边际界定为"新旧企业的更换"（新企业的进入和旧企业的退出），集约边际界定为"旧企业出口量的增加"，如Albornoz等（2012）利用阿根廷企业层面的数据，分析了扩展边际和集约边际增长对企业出口发展和经营的影响。二是从产品层面出发，将扩展边际定义为"产品种类的增加"，集约边际定义为"原有种类产品出口量的

第五章 信任对中国企业出口及其二元边际的影响——基于国家间信任水平的视角

增加",即最早由 Melitz（2003）提出的扩展边际和集约边际概念。在此分类的基础上，Hummels 和 Klenow（2005）利用 HS 六位编码产品层面的数据，测算了 1995 年 110 个出口国家和 59 个进口国家的扩展边际和集约边际，并分析发现扩展边际对发达国家出口增长的贡献约 67%，对发达国家进口增长的贡献约 33%。三是从双边贸易关系出发，将扩展边际定义为"新旧贸易伙伴关系的更换"（包括新贸易伙伴的建立和旧贸易伙伴的解除），集约边际则为"对原有贸易伙伴国出口量的增加"，如 Felbermayr 和 Kohler（2004）利用 1950~1997 年的数据研究发现双边贸易关系型的集约边际对全球贸易增长产生显著作用，而相应的扩展边际影响有限[①]（刘慧、綦建红，2014）。

考虑到海关贸易数据库统计了中国企业出口产品的 HS 六位编码，因此，本书将借鉴 Hummels 和 Klenow（2005）的测度方法，利用产品层面的数据，测算 2005 年和 2006 年中国企业到各样本国家的出口增长二元边际；并在此基础上实证检验国家间信任对双边出口增长二元边际的影响。

1. 扩展边际（EM）

中国企业出口扩展边际的计算公式为：

$$EM_{ij} = \frac{\sum_{k \in I_{ij}} p_{mjk} q_{mjk}}{\sum_{k \in I_{mj}} p_{mjk} q_{mjk}} \quad (5-7)$$

其中，i 和 j 分别表示出口国（中国）和进口国（即本书中的样本国家）；m 表示参照国（世界）；I_{ij} 和 I_{mj} 分别表示出口国 i 对进口国 j 所有出口产品的集合、参照国 m 对进口国 j 所有出口产品的集合；p 和 q 分别表示企业出口产品的价格和数量；k 表示产品种类。因此，p_{mjk} 和 q_{mjk} 分别表示产品 k 从世界 m 出口到进口国 j 的价格、产品 k 从世界 m 出口到进口国 j 的数量。根据扩展边际的计算公式，在世界对各进口国

[①] 刘慧，綦建红. 我国文化产品出口增长的二元边际分解及其影响因素[J]. 国际经贸探索，2014（6）：28-43.

出口产品的总价值中,中国对该进口国同类出口产品的价值比重越大,中国企业出口的扩展边际越高,即中国企业出口产品的种类与世界出口产品的所有种类重合度较高,中国企业出口产品具有多样性。

2. 集约边际（IM）

中国企业出口集约边际的计算公式为：

$$IM_{ij} = \frac{\sum_{k \in I_{ij}} p_{ijk} q_{ijk}}{\sum_{k \in I_{ij}} p_{mjk} q_{mjk}} \qquad (5-8)$$

与扩展边际的计算类似,i 和 j 分别代表出口国和进口国（即本书中的出口目的国）；m 表示参照国（世界）；I_{ij} 表示出口国 i 对进口国 j 所有出口产品的集合；p_{ijk} 和 q_{ijk} 分别表示产品 k 从出口国 i 出口到进口国 j 的价格、产品 k 从出口国 i 出口到进口国 j 的数量。根据集约边际的计算公式,对于产品种类 k 而言,中国企业出口到各进口国的出口价值占世界出口到各进口国的出口价值比重越大,中国企业出口的集约边际越高。

表 5-7 报告了 2005 年和 2006 年中国企业对各样本国出口增长的扩展边际和集约边际。其中,中国企业到各样本国家的出口数据来自海关贸易数据库,世界到各样本国的 HS 2002 六位编码产品出口数据来自联合国商品贸易数据库（UN COMTRADE）。需要注意的是,UN CONTRADE 中没有 2005 年和 2006 年世界到印度尼西亚和菲律宾的 HS 2002 六位编码产品出口数据,到委内瑞拉只有 2006 年才有 HS 2002 六位编码产品出口数据,因此,在二元边际分解时剔除了这三个国家。

表 5-7 中国企业对各样本国出口增长的扩展边际和集约边际

序号	样本国家	扩展边际 EM			集约边际 IM		
		2005 年	2006 年	增幅	2005 年	2006 年	增幅
1	阿根廷	0.9475	0.9698	0.0235	0.0221	0.0374	0.6932
2	澳大利亚	0.9965	0.9966	0.0001	0.0049	0.0048	-0.0273

续表

序号	样本国家	扩展边际 EM			集约边际 IM		
		2005 年	2006 年	增幅	2005 年	2006 年	增幅
3	奥地利	0.9657	0.9683	0.0027	0.0025	0.0024	-0.0273
4	巴西	0.9898	0.9918	0.0020	0.0090	0.0089	-0.0273
5	保加利亚	0.7754	0.8158	0.0521	0.0196	0.0215	0.0943
6	加拿大	0.9945	0.9951	0.0006	0.0016	0.0016	0.0000
7	智利	0.9543	0.9647	0.0109	0.0245	0.0294	0.1996
8	哥伦比亚	0.9380	0.9533	0.0163	0.0172	0.0183	0.0653
9	丹麦	0.9830	0.9850	0.0020	0.0057	0.0056	-0.0273
10	芬兰	0.9822	0.9832	0.0010	0.0106	0.0111	0.0475
11	法国	0.9954	0.9960	0.0006	0.0008	0.0016	0.9453
12	希腊	0.9405	0.9539	0.0142	0.0074	0.0080	0.0807
13	匈牙利	0.9852	0.9902	0.0051	0.0025	0.0048	0.9453
14	印度	0.9782	0.9820	0.0039	0.0065	0.0072	0.0943
15	伊朗	0.7313	0.9201	0.2582	0.0360	0.1130	2.1391
16	意大利	0.9921	0.9934	0.0013	0.0016	0.0016	-0.0273
17	日本	0.9996	0.9996	0.0000	0.0008	0.0016	0.9453
18	马来西亚	0.9996	0.9996	0.0000	0.0008	0.0008	-0.0273
19	墨西哥	0.9967	0.9977	0.0010	0.0008	0.0008	-0.0273
20	摩洛哥	0.9129	0.9219	0.0099	0.0172	0.0175	0.0190
21	新西兰	0.9743	0.9778	0.0036	0.0115	0.0119	0.0422
22	挪威	0.9462	0.9650	0.0199	0.0057	0.0072	0.2506
23	巴基斯坦	0.9565	0.9612	0.0049	0.0335	0.0334	-0.0036
24	秘鲁	0.8648	0.9077	0.0496	0.0507	0.0748	0.4747
25	韩国	0.9994	0.9994	0.0000	0.0016	0.0024	0.4590
26	罗马尼亚	0.8740	0.9044	0.0348	0.0098	0.0151	0.5401
27	俄罗斯	0.9774	0.9851	0.0079	0.0098	0.0151	0.5401
28	新加坡	0.9996	0.9996	0.0000	0.0008	0.0008	-0.0273
29	斯洛伐克	0.8701	0.9152	0.0518	0.0074	0.0072	-0.0273
30	南非	0.9802	0.9815	0.0013	0.0098	0.0103	0.0537

续表

序号	样本国家	扩展边际 EM			集约边际 IM		
		2005 年	2006 年	增幅	2005 年	2006 年	增幅
31	西班牙	0.9903	0.9919	0.0016	0.0016	0.0016	-0.0273
32	瑞典	0.9885	0.9897	0.0012	0.0033	0.0040	0.2158
33	泰国	0.9990	0.9992	0.0002	0.0016	0.0024	0.4590
34	土耳其	0.9613	0.9675	0.0064	0.0065	0.0072	0.0943
35	英国	0.9971	0.9975	0.0004	0.0002	0.0002	-0.0273
36	乌拉圭	0.7969	0.8286	0.0398	0.0005	0.0007	0.4590
37	美国	0.9990	0.9992	0.0002	0.3707	0.4401	0.1874
38	越南	0.9904	0.9908	0.0004	0.0123	0.0143	0.1672
39	均值	0.9532	0.9668	0.0166	0.0192	0.0249	0.2600

资料来源：根据海关贸易数据库和联合国商品贸易数据库的相关数据计算得到。

从表 5-7 可以看出，一方面，中国企业到各样本国家出口增长的扩展边际较大，且均呈现增加趋势，但增长率相对较小，扩展边际均值由 2005 年的 0.9532 增加到 2006 年的 0.9668，增幅仅为 1.66%。从中国企业到各样本国出口增长扩展边际的数值来看，到美国、日本、韩国、新加坡、马来西亚等国家的扩展边际最大，这些国家都是中国主要的贸易伙伴国，贸易额相对较高，贸易产品种类因而较丰富；另一方面，伊朗、保加利亚、乌拉圭、秘鲁等国家的扩展边际较小，说明中国企业出口到这些国家的贸易产品种类相对有限。从对各样本国家出口增长扩展边际的增长率来看，对伊朗出口增长的扩展边际由 2005 年的 0.7313 增加到 2006 年的 0.9201，增长率高达 25.82%；此外，由于对保加利亚、乌拉圭和秘鲁等国出口增长的扩展边际数值较小，因此，对应的增长率均较高。相比而言，对美国、日本、韩国、新加坡等国出口增长的扩展边际基数较大，对应的增长率因而较低。

从集约边际的变化来看，中国企业到各样本国家出口增长的集约边际基数较小，但集约边际的增长率较高。集约边际均值由 2005 年的 0.0192 增加到 2006 年的 0.0249，增幅为 26%，明显高于扩展边际的增长，表明中国企业出口增长的动力主要来源于集约边际，即出口贸易额的增加。此外，中国企业到部分样本国家的出口增长集约边际出现下降趋势，表明中国企业到这些国家的出口额占世界到这些国家的出口额比重减小，如对巴基斯坦、巴西、西班牙、新加坡等国。

扩展边际反映了中国企业出口种类占世界总出口种类的比重，出口产品种类增加扩展边际提高；集约边际直接反映了中国企业出口贸易额占世界总出口贸易额的比重，出口贸易额增长集约边际提高。相比而言，出口产品种类的增加比出口贸易额的增加要更困难。企业在出口新种类产品时面临的不确定性更多，其中包括来自进口国厂商对出口国及出口商的信任程度。因此，从理论上可以判断贸易伙伴国间信任对企业出口扩展边际的影响大于对企业出口集约边际的影响。

二、信任对中国企业出口二元边际影响的实证

基于上文对中国企业出口增长扩展边际和集约边际的分解，本书将进一步实证检验中国与各样本国家间信任水平对中国企业出口二元边际的影响。表5-8报告了国家间信任水平影响中国企业出口二元边际的回归结果。

列（1）和列（2）均报告了国家间信任水平对扩展边际的实证结果。其中，列（1）只考虑国家间信任水平这一因素；列（2）进一步加入了企业年龄、企业规模、企业研发等企业层面变量，以及信任水平、地理距离、人均GDP差距等国家层面变量，并同时控制了行业固定效应和地区固定效应。列（3）和列（4）均报告了国家间信任水平对集约边际影响的实证结果。其中，列（3）仅考虑了国家间信任水平对集约边际的影响，列（4）在回归过程中进一步加入了其他控制变量，并控制了行业和地区固定效应。

从表5-8可以看出，国家间信任水平对出口增长的扩展边际和集约边际均存在显著的正向影响；此外，国家间信任水平对扩展边际的影响明显大于对集约边际的影响：比较列（1）和列（3）的回归结果，扩

展边际对应的估计系数为 0.100，集约边际对应的估计系数为 0.038，两者均在 1% 的水平上显著；比较列（2）和列（4）的回归结果，扩展边际对应的系数为 0.080，集约边际对应的系数为 0.007。这一回归结果与理论预期基本一致：对于扩展边际而言，出口产品种类的增加往往更为复杂，当企业在出口新产品时，不仅需要原有贸易伙伴对新产品的信任，更需要建立新贸易伙伴对新产品的信任，因此，国家间信任水平对新产品种类的增加即扩展边际的促进作用更大；相比而言，出口贸易额的增加更为快捷，集约边际自身的增长较快，国家间信任水平对出口增长集约边际的影响相对较小。

表 5-8 信任对中国企业出口二元边际影响的回归结果

二元边际	（1）扩展边际	（2）	（3）集约边际	（4）
国家间信任	0.100*** (0.000)	0.080*** (0.000)	0.038*** (0.000)	0.007*** (0.000)
企业年龄		-0.00009*** (0.000)		0.0001*** (0.000)
企业规模		0.00004*** (0.000)		-0.0002*** (0.000)
企业研发		-0.00004*** (0.000)		-0.00007*** (0.000)
外商资本		-0.00002*** (0.000)		-0.0002*** (0.000)
全要素生产率		-0.00008*** (0.000)		-0.0005*** (0.000)
是否国有		0.0007*** (0.000)		0.0004*** (0.000)
信任水平		0.00004*** (0.000)		0.003*** (0.000)
地理距离		0.012*** (0.000)		0.006*** (0.000)
人均 GDP 差距		0.027*** (0.000)		-0.064*** (0.000)

第五章 信任对中国企业出口及其二元边际的影响——基于国家间信任水平的视角

续表

二元边际	(1) 扩展边际	(2)	(3) 集约边际	(4)
信息交流		0.001*** (0.000)		0.002*** (0.000)
孔子学院		0.0003*** (0.000)		0.002*** (0.000)
是否有自贸协定		0.013*** (0.000)		0.167*** (0.000)
是否相邻		0.058*** (0.000)		-0.140*** (0.000)
企业地区固定效应	否	是	否	是
国家地区固定效应	否	是	否	是
行业固定效应	否	是	否	是
观测值数目	4131587	3800012	4131587	3800012
R^2	0.034	0.461	0.104	0.835

注：*、**、***分别表示10%、5%、1%的显著性水平；括号内为稳健标准误。

从其他控制变量来看，企业年龄、企业规模、人均GDP差距、是否相邻四个变量对扩展边际和集约边际的影响明显不同。具体来看，针对扩展边际的回归结果中，企业年龄的系数显著为负（-0.00009）；在对集约边际的回归中，企业年龄的系数显著为正（0.0001）。虽然回归系数值相对较小，但系数的正负号不同，且在统计上显著，能在一定程度上反映企业年龄对企业出口扩展边际和集约边际的不同影响。可能的原因是，年龄越大的企业，出口产品种类基数一般较大，因此，越不容易出口新种类产品；而相对较"年轻"的企业，由于出口产品种类本身较少，越倾向研发并出口新种类产品。企业规模对扩展边际和集约边际的影响恰好与企业年龄对两者的影响相反：企业规模对扩展边际存在显著的正向作用（系数为0.00004），对集约边际存在显著的负向影响（-0.0002）。一般来说，规模越大的企业具有更大的规模相应，面临的融资约束也越小，因此，有足够的资金进行新种类产品的研发，在出口过程中也更有可能抵消额外的贸易成本；相比而言，首先是规模较小的企业，不容易进行新产品的研发，抵消新产品出口的额外成本也更为困难，即规模越大的企业，其出口增长的来源越有可能是扩展边际，其次才是集约边际。对于人均 GDP 差距和是否相邻，人均 GDP 差距和是否相邻对扩展边际均存在显著正向作用（系数分别为 0.027 和 0.058），对集约边际则产生显著的负向影响（系数分别为 -0.064 和 -0.140）。人均 GDP 差距越大，两国间贸易产品的互补性越强，因此对新种类出口产品的接受度越高，对扩展边际增长存在正向作用；相对而言，人均 GDP 差距越大，国家间的共同需求可能越低，不利于集约边际的增长。对于是否相邻，相邻国家由于地理较近，文化和消费偏好的相似度更高，对新种类出口产品的接受度更高，而同一种类出口产品的持续增长相对较难。因此，人均 GDP 差距和是否相邻对扩展边际存在正向作用，而对集约边际产生负向影响。

第四节　本章小结

国家间信任能够通过降低交易成本促进企业出口贸易发展。本书利用中国工业企业数据库和海关贸易数据库实证检验了中国与贸易伙伴国间的信任水平对中国企业出口贸易及其二元边际的影响。研究结果表明，国家间信任对中国企业出口存在显著的正向影响，中国与 41 个贸易伙伴国间信任水平每提高 1 单位，中国企业到对应国家的出口贸易额增加 0.061 单位，且这一结果在系列稳健性检验中仍然显著。从不同性质企业出口、不同贸易方式出口、不同地区出口目的国出口以及不同差异化产品出口的分样本回归结果来看，国家间信任水平对国有企业出口不存在明显影响，对私营企业和外资企业出口产生显著的正向作用；对一般贸易出口和加工贸易出口均存在显著的正向影响，但对一般贸易出口的促进作用更为明显；对中国企业到各地区的出口均存在正向作用，

第五章 信任对中国企业出口及其二元边际的影响——基于国家间信任水平的视角

但对到美洲国家的出口影响最大;对不同差异化程度的产品出口均存在显著的积极影响,但对高差异化产品出口的影响最大、对低差异化产品出口的影响最小。从信任对中国企业出口增长二元边际影响的实证结果来看,国家间信任对扩展边际和集约边际均存在显著正向作用,但对扩展边际的影响大于对集约边际的影响。

第六章

主要结论及对策建议

本书研究表明,信任对中国企业出口行为选择及中国出口贸易增长均存在显著的正向影响。因此,提升中国信任水平,增强中国与贸易伙伴国间的信任水平均有助于中国出口贸易的持续增长。良好的信任环境和信任关系需要政府、企业和个人的共同的参与和维护,为此,本书在梳理全文主要结论的基础上,从政府、企业和个人层面给出提升信任水平以促进中国出口贸易发展的对策建议。

第一节 主要结论

本书从信任的界定、信任水平的测度、信任的影响因素以及信任对国际贸易的影响四个方面系统梳理了相关文献,总结归纳了经济学框架下信任的界定、信任产生的必要条件、内涵及分类,剖析信任与社会资本、社会制度、合作、信用等相关概念之间的关联;在此基础上,利用1981~2014年六轮世界价值观调查(World Value Survey)数据对中国信任水平进行了定量测算,考察中国信任水平总体概况及其发展变化,并将中国信任水平与世界其他国家的信任水平进行横向比较及综合评价;接着,本书借鉴 Melitz(2003)异质性企业贸易模型,将信任作为出口交易固定成本的一部分引入理论框架中,从理论上描述了信任通过降低交易成本、改变企业决定生产和进入出口市场的临界生产率进而影响企

业出口的作用机制;在理论模型基础之上,第四章和第五章分别就中国信任水平对企业出口行为选择的影响,以及中国与贸易伙伴国间信任水平对中国企业出口贸易及其二元边际的影响进行了实证研究,以多角度全面考察信任对中国企业出口的重要作用。总体而言,本书的研究尝试回答了"中国信任水平现状及发展变化趋势如何?在世界范围内的总体情况怎么样?信任如何通过降低交易成本影响企业出口贸易?中国信任水平如何影响企业出口行为选择?对不同性质企业和不同地区企业出口决策的影响是否存在差异?中国与贸易伙伴间的信任水平如何影响中国企业到对应国家的出口贸易及其二元边际?该影响对不同性质企业出口、不同贸易方式出口、不同地区出口目的国出口以及不同差异化产品出口又有何不同?"等系列紧密关联的问题。具体的研究结论主要有:

首先,样本期间,中国的信任水平均值为 0.5680,即在回答世界价值观调查问卷的信任相关问题"总体来说,您认为大多数人是可以信任的还是在与人交往时应当十分谨慎"时,有 56.80% 的受访者选择认为"多数人都是可以信任的"。从在世界范围的总体地位来看,中国信任水平均值在调查样本国家中排名第四,是世界各国信任水平均值 0.2529 的 2 倍多,仅低于挪威(0.6952)、瑞典(0.6423)和荷兰(0.5943)的信任水平,同时也是信任水平超过 0.5 的少数国家之一。从信任水平的发展变化来看,中国信任水平在 1990~1998 年的两轮调查中出现降低,并在 2009 年前保持在 0.52 左右的水平,最近一轮的调查呈现显著提高的趋势。整体来看,中国信任水平保持良好的发展趋势。

其次,在考察中国信任水平对中国企业出口行为选择的影响中,为实证研究的需要,本书使用了 2003 年和 2005 年中国综合社会调查数据库中"受访者对陌生人信任程度"的相关问答测算了中国 28 个省份的信任水平,并将此与中国工业企业数据库匹配形成两期面板数据,利用 Probit 模型、Heckman 两阶段自选择模型实证考察了中国省级信任水平对中国企业出口行为选择的影响。

回归结果均表明，中国各省的信任水平与中国企业出口行为选择存在显著的正相关性：Probit 模型回归中，省级信任水平每增加 1 单位，中国工业企业选择出口的概率提高 0.069；Heckman 选择模型回归中，中国企业选择出口的概率提高 0.070，这一影响在"缩尾处理、删除外资企业、删除西部地区企业"等稳健性检验中仍然显著。对于不同性质的企业，省级信任水平每增加 1 单位，国有企业选择出口的概率提高 0.715 单位，私营企业选择出口的概率提高 0.166，外资企业选择出口的概率不存在显著变化。对于不同地区的企业，省级信任水平每增加 1 单位，东部地区企业选择出口的概率增加 0.281 单位，而中部地区和西部地区企业选择出口的概率未发生明显变化。

最后，在实证研究中国与主要贸易伙伴国间信任水平对中国企业出口贸易及其二元边际的影响中，本书将中国工业企业数据库和海关贸易数据库进行匹配，获得了出口企业—出口产品—出口目的国的对接信息，并利用加权遗传距离作为衡量中国与 41 个贸易伙伴国间信任水平的代理变量，以及贸易引力模型实证检验了国家间信任水平对中国企业出口贸易及出口增长二元边际的作用。

回归结果表明，国家间信任水平有助于促进中国企业到对应国家的出口贸易：中国与主要贸易伙伴国间信任水平每提高 1 单位，中国企业到对应国家的出口贸易额均值增加 0.061 单位，且这一作用在"缩尾处理、利用文化距离作为衡量国家间信任水平代理变量"的稳健性检验中仍显著。

进一步区分不同性质企业出口、不同贸易方式出口、不同地区出口目的国出口以及不同差异化产品出口的研究发现，国家间信任对国有企业出口贸易额不存在显著影响，对私营企业和外资企业出口产生显著的促进作用；对一般贸易出口和加工贸易出口均存在显著的正向影响，但对一般贸易出口的促进作用更为明显；对中国企业到各地区的出口均存在正向作用，但对到美洲国家的出口影响最大，其次是到亚洲国家、欧洲国家的出口；对不同差异化产品出口均存在显著的促进作用，但对高差异化产品出口的影响最大、对低差异化产品出口的影响最小。

针对国家间信任影响中国企业出口增长二元边际的研究发现，中国企业出口增长主要来源于集约边际，即出口贸易额的增加，其次是出口种类增加的扩展边际。整体而言，中国企业到各样本国家出口增长的集约边际均值由2005年的0.0192增加到2006年的0.0249，增幅为26.00%；到各样本国家出口增长的扩展边际均值由2005年的0.9532增加到0.9668，增幅仅为1.66%。从国家间信任对二元边际的影响来看，国家间信任水平对中国企业到相应国家出口增长扩展边际和集约边际均存在显著的正向作用，但对扩展边际的影响大于对集约边际的影响。

第二节 对策建议

实证研究表明，不论是中国信任水平还是中国与贸易伙伴国间的信任水平，均对中国企业出口贸易存在显著的促进作用。虽然本文考虑的作用机制主要是信任有助于降低交易成本，进而促进企业出口贸易增长。实际上，信任被认为是除物质资本和人力资本之外决定一国经济增长和社会进步的主要社会资源（张维迎、柯荣住，2002；刘凤委等，2009）。信任不仅可以减少市场经济中的交易费用，简化交易程序，提高经济效益；同时是经济社会运行的润滑剂，能够缓和不同利益方的矛盾和冲突，创造交流和合作，带来更大范围的双赢（马得勇，2008）。

当前，国际经济形势和格局正处于大变革、大调整时期，中国经济社会发展也处于不断改革和转型的过程中，中国对外贸易发展面临的国内外挑战日益加剧和复杂，如何提升中国信任水平以及中国与贸易伙伴国间的信任水平，促进中国经济社会的良好运行和发展，促进中国企业出口贸易持续增长至关重要。良好的信任环境需要政府、企业、个人的共同参与和维护。为此，基于本书的理论分析和实证研究，结合中国与主要贸易伙伴国在政治、文化、制度等方面的各自特点及存在的差异，本部分从国家政府、企业组织、个人层面提出如何提升信任水平以更好地发挥信任促进企业出口贸易发展作用的对策建议。

一、政府角度

根据世界价值观调查数据的测算，中国的信任水平位居全球第四，属于具有较高信任水平的国家，这一结果与中国长期以"和为贵、集体主义"等文化传统有关。然而，中国作为发展中国家，正处于经济快速发展和转型阶段，国内各项制度将长期处于改革的过程中，因此需要特别警惕经济发展过程中由于市场机制不够完善导致的恶性竞争、外来人口流动加快、贫富差距加大等可能造成的信任水平降低问题。

1. 改善制度环境

良好的制度环境是信任形成的"摇篮"。Fukuyama（1995）在其著作《信任：社会美德与创造经济繁荣》一书中指出，"信任产生于良好的制度体系中。良好的制度质量为经济社会提供了相对完备的规范体系，个体、企业、其他组织单位等在确知的环境下进行生产、交易和投资，良性的交流与合作受到鼓励，投机取巧和蓄意违约等恶意行为将受到惩罚，个人名誉、企业声誉等受损，为此支付更高的机会成本。良好的制度环境促进信任的形成和提升"。已有文献也表明，发展中国家或新兴国家中的制度因素有助于企业与贸易伙伴间建立信任，提高信息分享的意愿和效率。

因此，要想提升信任水平，改善经济社会的非正式规范，需要对正式的制度进行改进。一方面，良好的制度环境、完善的法律体系等能够带来更高水平的信任（Zak and Knack，2001）；另一方面，信任水平的提升反过来进一步促进高效率法律体系的形成，有助于政府机构赢得大众居民的信任和信心（Uslaner，2002）。总体而言，应进一步完善国内经济体制、市场机制和法律体系，营造更规范的商业环境；加强建立社会信用体系平台，提高违背信用的成本；对诚信行为进行直接鼓励，如鼓励在商业网络中建立信任体系，奖励建立信任关联的企业等，进而提高社会诚信度，提升国内信任水平。

需要注意的是，尽管多数学者认为信任的形成与正式的制度环境密切关联，但也有学者提出信任与制度的具体关联可能取决于一国经济体所处的实际经济发展阶段和原有社会文化结构（Zucker，1986；Shapiro，1987）。例如，中国长期以来属于传统的家庭式社会，法律体系相对简单，中国文化以"以人治国"（Government by Man）而非"依法治国"（Government by Law）为特点。这一文化特性导致中国企业不够信任法律和相关法律制度，而是通过与当局政府及当权者保持"良好"关系，以获得更为可靠的"特殊"保护（Rao等，2005）。相比而言，欧美等西方国家是基于法律制度建立的，践行依法治国，当权者及制度制定者往往在道德上和政治上均受这些法律规则的制约（Lubman，1999）。因此，不能盲目借鉴其他国家的经验，需要结合当前中国自身的发展情况、已有制度环境、社会文化背景的特点、制度改革前后的可能成效等因素进行综合考量，以抉择是通过制度完善提升信任关系还是加强监管机制，两者如何平衡等。

2. 加强对外交流

Dyer 和 Chu（2003）研究发现，交流过程中形成的关系有助于高层次信息分享，提高国家间信任水平，促进交流合作，鼓励共同努力减少低效率活动。当前，中国对外开放程度已越来越高，从改革开放、加入WTO，到中国主导提出"一带一路"对外发展倡议，建立上海、广东、天津、福建等国内自贸区，无一不为中国对外交流提供了更多的机会和更好的平台。但在对外开放以及各类跨国交流过程中，如何形成良好的信任关系，如何避免误解、矛盾和冲突，确保交流的成效、对外开放的良性循环才是中国逐渐走向世界舞台的重要保障。总体而言，在对外交流过程中，坚持互利共赢的原则，尊重对方国家的政治制度、法律体系、风土人情等；在更大范围内增进了解、扩大共识，加强双边、多边合作与交流；同时保持国家诚信，对已做出的约定妥善履行承诺。

当然，在对外开放和交流过程中，不可避免的是国外文化价值观进入中国经济社会这一问题，尤其是全球化趋势迫使中国适当调整已有的社会价值观或习俗惯例，如"契约精神""关系网络"等。因此，政府应基于国家利益，"取其精华、弃其糟粕"，根据调整社会价值观和商业惯例带来的利益和可能造成的不利影响调整部分商业规范。

二、企业角度

企业作为经济社会运行的主体，是提升国内信任水平和中国与贸易伙伴国间信任水平的关键。理论上，交易双方在签订合约时尽可能地详尽合约条款是避免不确定性和风险的有效途径；根据新制度经济学理论（Williamson，1985；North，1990），如果合约签订和监督执行更为完备，个体层面考虑的作用将被弱化。即如果交易合约足够完善，合同执行过程中可能出现的变动风险将减少，一方违约的可能性降低，或者由于意外事件导致合约执行受阻时，双方的损失可得到更多保障，合约的完善性降低了交易过程中可能存在的不确定性，进而有利于交易双方信任的形成，进而降低监督成本，促进更有效交流与合作。实际的商业交易中，通常的做法也是合作企业间事先签订合作协议，事后根据已商定的条款进行交易，开展业务合作。然而，尽可能完善合约条款这一方法的成本较高，且无法事先罗列所有可能存在的违约可能。因此，需要通过企业间形成的信任关系确保对方不会恶意违约，以及即使违约或出现争议时确保能够采取"基于善意"的解决途径和对应利益的保障。

1. 熟悉国内社会文化特点

一方面，建立和维护信任关系是相对复杂和系统的工作。企业间信任关系的发展应根据合作方所在国家自身社会文化特点，以及企业间相互依赖关系模式而不同。在西方国家，大众对规章制度的普遍接受和认可促进了信任的建立，因此，正式的合约和法律保护成为确保个人和企业应得利益的方式,而非强化交易条件的工具。而在中国社会,由于法律制度一致性的不足,交易双方均面临对方违反合约条款的高风险,带来高成本的规制成本,导致双方的不信任。因此,中国企业往往更倾向于与具有互惠关系或良好私人关系的企业建立信任。当出现争议或冲突时,由于中国传统文化认为争议是合作企业间产生敌对关系的行为,因此争议双方往往倾向于通过非正式的社会关系网络而达成双方均可接受的解决方案(Tjosvold et al., 2006)。因此,中国企业在建立和维护信任关系时,应根据中国自身经济社会文化和商业惯例等特性采用合理的方式建立合作关系、制定争端解决机制,以形成和加强合作伙伴间的信任关系。

另一方面,虽然当前中国市场体制和法律体系的不完善迫使中国企业通过寻求更多的政府支持和"关系"网络以达到商业目标或保护自身权益。换句话说,中国企业通常会慎重地选择交易伙伴并建立关系网络和信任关系,同时在参与"跨边界"信息分享活动前积极寻求政府支持的"庇护"以预防问题出现或解决争议。虽然政府支持或"关系"网络对企业生产运营存在一定作用,但中国企业应意识到,即便是具有政府"保护",但也存在当地政府无法保护其司法管辖外的企业利益的情况,或者"关系"网络无法完全避免合约另一方违背已有协议的可能。此外,中国作为发展中国家,将长期处于经济体制改革和完善的过程中。在此背景下,法律体系将越来越完善,规章制度的规定及其落实将更为完备,经济社会结构的调整也将导致"关系"网络的重要性逐渐降低,政府干预和提供保护的情况越来越少。因此,中国企业应主动调整其处理与商业伙伴关系的方式,积极适应新的社会环境,以广泛建立"信任"网络为主,以确保其生产经营能顺利进行,确保其应得利益。

2. 建立长期信任关系

Gulati(1995a)研究发现企业不仅根据他们所进行的活动(如对外投资、研发),同时结合与合作伙伴的现有关联确定合约形式。当合作企业事先已存在一定的信任关系,合约形式将更为简约,合约条款和惯例执行也更为宽松。总体而言,合作企业原先建立的熟络关系有利于企业间信任关系的建立。Nohria 和 Gulati(1993)则发现合作伙伴的可信度是企业在寻找新的商业伙伴时看中的重要因素之一,企业通常会花费较大的精力确保其他企业是否可信。因此,已建立信任关系网络的企业往往在其信任的企业中选择新的合作伙伴,从而降低相应的搜寻成本(Gulati,1995b)。

在对外贸易过程中,企业面临着更多的不确定性,因而需要耗费更大的搜寻成本以确定合作伙伴,花费更多的时间确定合约条款以降低贸易伙伴的违约风险,以及更复杂的争端解决机制以确保自身合法利益。因此,长期信任关系的建立是降低搜寻成本、合约制定成本、争端解决成本的重要方式;与此同时,长期信任关系能够进一步扩大可合作的范围,创造更多的合作机会,甚至给企业提供建立合作联盟关系的平台。贸易企业切不能贪图眼前利益,只为"一时买卖"而破坏过去已形成的商业网络关系。

3. 厘清不同文化差异

在对外贸易过程中,来自不同文化背景的员工共同合作,如何正确评估国际合作中各方文化差异,降低可能存在的矛盾和冲突,提升不同经济社会和文化背景下合作企业间的信任水平,对进出口贸易企业至关重要。Gibson 和 Zellmer-Bruhn(2001)以六个跨国企业为例,分析了来自不同文化背景员工的文化特性,根据权力距离、个人主义、风险偏好等一国的文化特性解释了不同工作小组的差异,并提出应加强不同文化背景员工间的沟通理解,增强员工间的信任水平。

因此,企业应根据国际贸易合作涉及的国家和社会群体,厘清不同文化差异,了解并尊重不同经济、社会、文化背景下信任产生的制度和社会文化基础,加强员工间的沟通交流,提升企业内部员工及企业间的信任水平,降低企业生产运营的内耗,降低企业交易成本,促进企业发展。

三、个人角度

个人是经济社会存在的基本条件，Granovetter（1976）指出，"个体是广大社会群体中的一员，需要处理其在家族、邻里、商务、教会和民族等不同社会网络中的关系"。个体间互动模式如何，影响着信任的形成及其与经济发展的关联，尤其是在法律条例和行为规范不是严格制度化的经济社会中，微观个体间的信任关系比宏观的信任水平更能发挥协调作用。

1. 加强个体间信任

中国信任水平的提升在一定程度上取决于个体间信任水平的提高、个人诚信和可信任度的提高。当前"医患""假奶粉"等事件的出现造成严重的"信任危机"。事实上，导致"信任危机"的主要原因是多方面的：一方面，中国在经济迅猛发展的同时，确实出现了部分人为了私利而不顾道德底线的问题；另一方面，随着物质生活水平的提高，人们对精神追求的关注越来越多，对信任的要求越来越高，加上问题出现后媒体的报道和部分放大。因此，应避免盲目地、消极地认为中国社会已存在严重的信任问题，不再信任他人，甚至对他人常怀有恶意。面对当前的经济社会环境，个人仍应以"善"为先，共同营造更好的社会环境；主动信任他人，才能被他人信任；同时加强提高自身的可信任度，保持良好的行为规范、道德修养等。

2. 提升自身可信度

在对外交流过程中，如留学、出国旅游、接待外宾时，除保持个人良好形象和行为规范，更应提前了解并尊重外方的规章制度、风俗习惯，避免由于语言、文化等差异造成的误解和冲突，造成不良印象，进而影响外方对中国的整体印象。

主动介绍中国优秀文化传统，加强对方对自身文化的了解，积极加深沟通交流，建立良好的友谊关系，进而促进信任的形成和提升。

第六章　主要结论及对策建议

　　此外，应意识到不同社会文化背景下的居民对信任的理解不同。例如，在美国文化背景下，信任包含可靠性、可预测性和公平性。而在其他国家，信任并非包含这些内涵，即使内涵相同，但可靠性、可预测性和公平性的权重也有所不同。因此，在对外交流过程中，双方应更多理解、更加包容。

附 录

附录1 市场均衡时临界生产率 φ^* 和平均利润 $\bar{\pi}$ 的决定

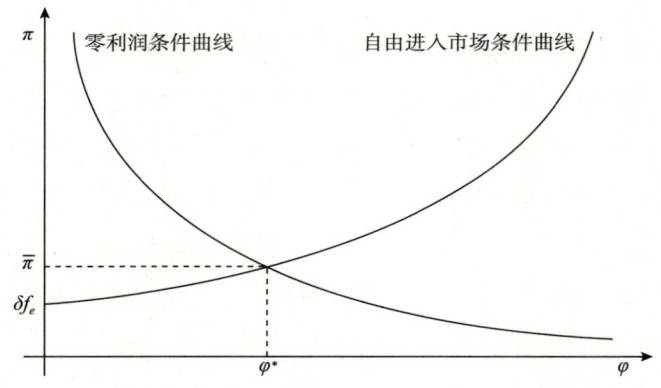

附录2 封闭经济下的总体条件

利用式（3-12）中对企业平均生产率 $\bar{\varphi}$ 的界定，与生产商数量 M 和总平均生产率 $\bar{\varphi}$ 有关的总体条件可表示为：

$$\begin{aligned}
Q &= \left[\int_0^\infty q(\varphi)^\rho M\mu(\varphi)d\varphi\right]^{1/\rho} \\
&= \left[\int_0^\infty q(\bar{\varphi})^\rho \left(\frac{\varphi}{\bar{\varphi}}\right)^{\sigma\rho} M\mu(\varphi)d\varphi\right]^{1/\rho} \\
&= M^{1/\rho} q(\bar{\varphi}) \left[\left(\frac{1}{\bar{\varphi}}\right)^{\sigma-1} \int_0^\infty \varphi^{\sigma-1}\mu(\varphi)d\varphi\right]^{1/\rho} \\
&= M^{1/\rho} q(\bar{\varphi})
\end{aligned}$$

（附-1）

进而利用总收入 R 和总利润 $\prod$ 的界定，可推导得到：

$$\begin{aligned}
R &= \int_0^\infty r(\varphi)M\mu(\varphi)d\varphi \\
&= \int_0^\infty r(\bar{\varphi})\left(\frac{\varphi}{\bar{\varphi}}\right)^{\sigma-1} M\mu(\varphi)d\varphi \\
&= Mr(\bar{\varphi})\left(\frac{1}{\bar{\varphi}}\right)^{\sigma-1}\int_0^\infty \varphi^{\sigma-1}\mu(\varphi)d\varphi \\
&= Mr(\bar{\varphi})
\end{aligned}$$

$$\begin{aligned}
\prod &= \int_0^\infty \pi(\varphi)M\mu(\varphi)d\varphi \\
&= \int_0^\infty \left[\frac{r(\varphi)}{\sigma}f\right]M\mu(\varphi)d\varphi \\
&= \frac{1}{\sigma}\int_0^\infty r(\varphi)M\mu(\varphi)d\varphi - Mf \\
&= M\left[\frac{r(\bar{\varphi})}{\sigma}f\right] \\
&= M\pi(\bar{\varphi})
\end{aligned}$$

（附-2）

附录3 封闭经济下的福利的变化

如上文所述,每位员工的福利可用市场静态均衡时的生产率水平 φ^* 表示:

$$W = M^{\frac{1}{\sigma-1}} \rho \bar{\varphi} = L^{\frac{1}{\sigma-1}} \left(\frac{1}{\sigma f}\right)^{\frac{1}{\sigma-1}} \varphi^* \qquad (\text{附-3})$$

当企业进入成本 f_e 提高时,均衡生产率水平 φ^* 降低,员工福利也随着减少。然而,当企业固定成本 f 增加时,均衡生产率水平 φ^* 同时提高,由此无法通过式(附-3)得知员工福利如何变化:即当企业固定成本 f 增加时,员工福利的变化主要取决于 $\left(\frac{1}{f}\right)^{\frac{1}{\sigma-1}} \varphi^*$ 或 $\frac{(\varphi^*)^{\sigma-1}}{f}$ 变化的方向。

证明:当固定成本 f 增加时,$\frac{(\varphi^*)^{\sigma-1}}{f}$ 减小

由市场静态均衡条件可知:$\bar{\pi} = f k(\varphi^*) = \frac{\delta f_e}{1-G(\varphi^*)}$,进而得到

$$f j(\varphi^*) = \delta f_e \qquad (\text{附-4})$$

其中,$G(\varphi)$ 表示企业生产率的连续累积分布①,$j(\varphi) = [1-G(\varphi)] k(\varphi)$。

对式(附-4)进行 f 的偏积分,得到:

$$j(\varphi^*) + f j'(\varphi^*) \frac{\partial \varphi^*}{\partial f} = 0 \Leftrightarrow \frac{\partial \varphi^*}{\partial f} \frac{f}{\varphi^*} = -\frac{j(\varphi^*)}{\varphi^* j'(\varphi^*)} < \frac{1}{\sigma-1} \qquad (\text{附-5})$$

由 $j(\varphi) = [1-G(\varphi)] k(\varphi)$ 可知:

$$j'(\varphi) = -\frac{1}{\varphi}(\sigma-1)[1-G(\varphi)][k(\varphi)+1] < 0 \qquad (\text{附-6})$$

---

① 企业只有当开始从事生产并销售产品时,才能明确知道其自身的生产率水平。

$$\frac{j'(\varphi)\varphi}{j(\varphi)} = -(\sigma-1)(1+\frac{1}{k(\varphi)}) < -(\sigma-1) \qquad (\text{附-7})$$

因此,式(附-5)可变换为:

$$\frac{\partial(\frac{(\varphi^*)^{\sigma-1}}{f})}{\partial f} = \frac{(\varphi^*)^{\sigma-1}}{f}[(\sigma-1)\frac{\partial \varphi^*}{\partial f}\frac{f}{\varphi^*}-1] < 0 \qquad (\text{附-8})$$

即证明当企业固定成本 f 增加时,$\frac{(\varphi^*)^{\sigma-1}}{f}$ 减小,同时表示固定成本增加,消费者福利降低。

附录4 开放经济下均衡的存在

由自由进入条件可知，$\overline{\pi} = \dfrac{\delta f_e}{1-G(\varphi^*)}$；由新的临界生产率条件可知，$\overline{\pi} = fk(\varphi^*) + p_x n(f_x + trust) k(\varphi_x^*)$。开放经济达到均衡时：

$$\dfrac{\delta f_e}{1-G(\varphi^*)} = fk(\varphi^*) + p_x n(f_x + trust) k(\varphi_x^*) \qquad (\text{附-9})$$

$$fj(\varphi^*) + n(f_x + trust) j(\varphi_x^*) = \delta f_e \qquad (\text{附-10})$$

其中，$\varphi_x^* = \tau \left(\dfrac{f_x + trust}{f}\right)^{\frac{1}{\sigma-1}} \varphi^*$。由于$j(\varphi)$在$(0, \infty)$范围内递减，（附-10）左边也将在$(0, \infty)$范围内单调递减。因此，自由进入市场条件曲线（FE curve）和零利润条件曲线（ZCP curve）必定相交，且有且只有一个交点，即式（附-10）仅存在唯一的临界生产率φ^*（附录1）。

附录5 企业全要素生产率的计算

全要素生产率是体现企业生产率和技术水平的重要指标。本章以工业增加值衡量企业产出,以从业人员和固定资产分别衡量劳动力投入和资本投入,同时控制企业所在地区和所属行业的固定效应,利用ols估计法算得相应年份中国工业企业的全要素生产率。具体计算步骤为:

假设企业满足Cobb-Douglas生产函数,其基本形式如下:

$$Y_{ft}=A_{ft}L_{ft}^{\alpha}K_{ft}^{\beta} \qquad (附-11)$$

Y_{ft}表示产出,L^{ft}和K^{ft}分别表示劳动和资本的投入,A_{ft}即是企业全要素生产率。通过对(附-11)式取对数得到:

$$y_{ft}=\alpha l_{ft}+\beta k_{ft}+\mu_{ft} \qquad (附-12)$$

其中,y_{ft}、l_{ft}、k_{ft}分别是Y_{ft}、L^{ft}和K^{ft}的对数值,则μ_{ft}包含了企业全要素生产率(A_{ft})对数形式的信息,因而通过对(附-12)式的估计可得到全要素生产率的估计值。

但是,利用以上简单线性估计全要素生产率,会产生同时性偏差(Simultaneity Bias)和样本选择性偏误(Selectivity 和 Attrition Bias)。为此,本章在ols线性估计模型的基础上,利用固定效应法估算了工业企业全要素生产率。计量模型为:

$$\ln Y_{ft}=\beta_0+\beta_k\ln K_{ft}+\beta_l L_{ft}+\sum_n \lambda_n reg_n+\sum_i \zeta_i indus_i+\varepsilon_{ft} \qquad (附-13)$$

其中,Y_{ft}表示企业f在t时期的企业产出,以工业增加值衡量;K_{ft}和L_{ft}表示企业资本投入和劳动力投入,分别利用企业从业人员和固定资产衡量;reg_n和$indus_i$分别表示企业所在地区和所属行业的固定效应。由TFP的定义可知:

$$\ln TFP_{ft}=\ln Y_{ft}-\beta_k\ln K_{ft}-\beta_l L_{ft}-\sum_n \lambda_n reg_n-\sum_i \zeta_i indus_i=\beta_0+\varepsilon_{ft}$$

$$(附-14)$$

即基于ols方法估算得到每个企业的全要素生产率。

附录6 中国与主要贸易伙伴国之间的遗传距离

序号	国家	遗传距离	序号	国家	遗传距离	序号	国家	遗传距离
1	阿尔巴尼亚	152.90	25	菲律宾	42.98	49	卢旺达	398.80
2	阿尔及利亚	171.76	26	斐济	109.88	50	罗马尼亚	149.41
3	阿富汗	171.06	27	芬兰	119.68	51	马拉维	424.89
4	阿根廷	215.48	28	佛得角	238.17	52	马来西亚	65.16
5	埃及	162.90	29	冈比亚	248.69	53	马里	247.40
6	爱沙尼亚	149.23	30	刚果	420.06	54	毛里塔尼亚	228.71
7	安哥拉	421.01	31	哥伦比亚	197.21	55	美国	189.20
8	奥地利	210.30	32	哥斯达黎加	187.07	56	蒙古国	66.22
9	澳大利亚	187.92	33	哈萨克斯坦	168.53	57	秘鲁	186.59
10	巴布亚新几内亚	173.26	34	韩国	68.73	58	缅甸	75.59
11	巴基斯坦	143.88	35	吉尔吉斯斯坦	162.03	59	摩洛哥	171.83
12	巴拉圭	190.13	36	几内亚	248.69	60	莫桑比克	424.48
13	巴西	228.82	37	几内亚比绍	248.69	61	墨西哥	167.65
14	保加利亚	151.66	38	加拿大	188.25	62	纳米比亚	386.72
15	贝宁	252.38	39	加纳	248.69	63	南非	387.39
16	玻利维亚	183.02	40	柬埔寨	30.51	64	尼日尔	214.75
17	博茨瓦纳	413.62	41	津巴布韦	424.89	65	尼日利亚	233.65
18	布基纳法索	228.96	42	科特迪瓦	249.09	66	挪威	211.04
19	布隆迪	405.68	43	肯尼亚	359.03	67	日本	74.10
20	丹麦	209.25	44	莱索托	424.89	68	瑞典	211.47
21	多哥	248.69	45	老挝	19.07	69	萨摩亚	76.10
22	俄罗斯	213.40	46	黎巴嫩	162.03	70	塞拉利昂	248.69
23	厄瓜多尔	193.81	47	利比里亚	248.69	71	塞内加尔	248.69
24	法国	191.52	48	利比亚	171.76	72	塞浦路斯	153.70

附录

续表

序号	国家	遗传距离	序号	国家	遗传距离	序号	国家	遗传距离
73	沙特阿拉伯	164.08	85	危地马拉	163.15	97	伊朗	167.18
74	斯里兰卡	148.23	86	委内瑞拉	216.46	98	以色列	161.89
75	斯洛伐克	200.06	87	乌干达	395.35	99	意大利	218.62
76	苏丹	217.74	88	乌克兰	218.96	100	印度	137.63
77	所罗门	86.09	89	乌拉圭	193.34	101	印度尼西亚	55.55
78	塔桑尼亚	424.89	90	乌兹别克斯坦	149.32	102	英国	190.77
79	泰国	14.87	91	西班牙	192.49	103	约旦	161.89
80	汤加	242.40	92	希腊	153.38	104	越南	30.80
81	突尼斯	171.96	93	新加坡	26.97	105	赞比亚	424.89
82	土耳其	148.76	94	新西兰	160.71	106	智利	190.20
83	土库曼斯坦	147.04	95	匈牙利	116.81	107	中非	393.63
84	瓦努阿图	76.81	96	叙利亚	164.40	均值		203.99

资料来源：黄新飞，关楠，翟爱梅. 遗传距离对跨国收入差距的影响研究：理论和中国的实证分析 [J]. 经济学（季刊），2014（3）：1127-1146.

附录7 各样本国家的信任水平

序号	国家	信任水平	序号	国家	信任水平
1	阿根廷	20.19	22	新西兰	51.91
2	澳大利亚	46.98	23	挪威	69.52
3	奥地利	—	24	巴基斯坦	26.33
4	巴西	7.35	25	秘鲁	7.71
5	保加利亚	25.30	26	菲律宾	5.66
6	加拿大	39.68	27	韩国	31.36
7	智利	18.98	28	罗马尼亚	15.37
8	哥伦比亚	10.89	29	俄罗斯	29.20
9	丹麦	—	30	新加坡	28.23
10	芬兰	54.98	31	斯洛伐克	25.80
11	法国	18.67	32	南非	21.29
12	希腊	—	33	西班牙	27.01
13	匈牙利	29.62	34	瑞典	64.23
14	印度	34.46	35	泰国	37.60
15	印度尼西亚	45.56	36	土耳其	12.12
16	伊朗	33.64	37	英国	—
17	意大利	29.17	38	乌拉圭	21.68
18	日本	40.74	39	美国	37.54
19	马来西亚	8.68	40	委内瑞拉	14.85
20	墨西哥	21.90	41	越南	47.81
21	摩洛哥	16.08	42	均值	29.14

资料来源：根据1981~2014年六轮世界价值观调查数据计算得到；调查未涉及奥地利、丹麦、希腊和英国，因此这四个国家的信任水平数据缺失。

附录8 中国与各样本国家的文化维度得分及文化距离

序号	国家	权力距离	个人主义	男子气概	不确定规避	长期取向	放纵与克制	与中国的文化距离
1	阿根廷	49	46	56	86	20	62	17.336
2	爱沙尼亚	40	60	30	60	82	16	12.336
3	奥地利	11	55	79	70	60	63	16.673
4	澳大利亚	36	90	61	51	21	71	19.701
5	巴基斯坦	55	14	50	70	50	0	11.162
6	巴西	69	38	49	76	44	59	12.919
7	保加利亚	70	30	40	85	69	16	10.929
8	丹麦	18	74	16	23	35	70	19.857
9	俄罗斯	93	39	36	95	81	20	12.590
10	法国	68	71	43	86	63	48	14.495
11	菲律宾	94	32	64	44	27	42	11.142
12	芬兰	33	63	26	59	38	57	16.706
13	哥伦比亚	67	13	64	80	13	83	18.081
14	韩国	60	18	39	85	100	29	10.993
15	加拿大	39	80	52	48	36	68	17.025
16	罗马尼亚	90	30	42	90	52	20	12.530
17	马来西亚	104	26	50	36	41	57	10.797
18	美国	40	91	62	46	26	68	18.778
19	秘鲁	64	16	42	87	25	46	15.344
20	摩洛哥	70	46	53	68	14	25	14.687
21	墨西哥	81	30	69	82	24	97	18.437
22	挪威	31	69	8	50	35	55	18.525
23	日本	54	46	95	92	88	42	13.296
24	瑞典	31	71	5	29	53	78	18.880

续表

序号	国家	权力距离	个人主义	男子气概	不确定规避	长期取向	放纵与克制	与中国的文化距离
25	斯洛伐克	104	52	110	51	77	28	10.693
26	泰国	64	20	34	64	32	45	12.904
27	土耳其	66	37	45	85	46	49	13.278
28	委内瑞拉	81	12	73	76	16	100	19.157
29	乌拉圭	61	36	38	100	26	53	17.424
30	西班牙	57	51	42	86	48	44	14.123
31	希腊	60	35	57	112	45	50	16.558
32	新加坡	74	20	48	8	72	46	6.613
33	新西兰	22	79	58	49	33	75	18.891
34	匈牙利	46	80	88	82	58	31	15.687
35	伊朗	58	41	43	59	14	40	14.928
36	意大利	50	76	70	75	61	30	13.730
37	印度	77	48	56	40	51	26	8.050
38	印度尼西亚	78	14	46	48	62	38	6.685
39	英国	35	89	66	35	51	69	16.849
40	越南	70	20	40	30	57	35	7.129
41	智利	63	23	28	86	31	68	16.690
42	中国	80	20	66	30	87	24	—

资料来源：http://geerthofstede.com/research-and-vsm/dimension-data-matrix/，2016年10月登录。

参考文献

［1］Acemoglu, D. , Robinson, J. Why Nations Fail: The Origins of Power, Prosperity, and Poverty［M］. Crown Business, 2012.

［2］Ackelof, G. The Market for Lemons: Qualitative Uncertainty and the Market Mechanism［J］. Quarterly Journal of Economics, 1970 (84).

［3］Aghion, P. , Boulanger, J. Table, Cohen E. Rethinking Industrial Policy［J］. Bruegel Policy Brief, 2011, 4 (11).

［4］Ahn, T. K. , Ostrom E. Social Capital and Collective Action［J］. The Handbook of Social Capital, 2008: 70-100.

［5］Albornoz, F. , Pardo, H. F. C. , Corcos, G. , et al. Sequential Exporting［J］. Journal of International Economics, 2012, 88 (1): 17-31.

［6］Alesina, A. , La Ferrara E. Who Trusts Others?［J］. Journal of Public Economics, 2002, 85 (2): 207-234.

［7］Alesina, A. , Ferrara E. L. The Determinants of Trust［R］. National Bureau of Economic Research, 2000.

［8］Anderson, E. , Weitz, B. The Use of Pledges to Build and Sustain Commitment in Distribution Channels［J］. Journal of Marketing Research, 1992: 18-34.

［9］Arrow, K. J. Vertical Integration and Communication［J］. The Bell Journal of Economics, 1975: 173-183.

［10］Ashraf, Q. , Galor, O. Genetic Diversity and the Origins of Cultural Fragmentation［J］. The American Economic Review, 2013, 103 (3): 528-533.

[11] Berg, J., Dickhaut, J., McCabe, K. Trust, Reciprocity, and Social History [J]. Games and Economic Behavior, 1995, 10 (1): 122-142.

[12] Berggren, N., Jordahl, H. Free to Trust: Economic Freedom and Social Capital [J]. Kyklos, 2006, 59 (2): 141-169.

[13] Beugelsdijk, S. A Note on the Theory and Measurement of Trust in Explaining Differences in Economic Growth [J]. Cambridge Journal of Economics, 2006, 30 (3): 371-387.

[14] Beugelsdijk, S., De Groot, H. L. F., Van Schaik, A. B. T. M. Trust and Economic Growth: A Robustness Analysis [J]. Oxford Economic Papers, 2004, 56 (1): 118-134.

[15] Biasutti, R. Le Razze ei Popoli Della Terra [M]. Unione Tipografico-editrice Torinese, 1959.

[16] Bisin, A., Topa, G., Verdier, T. Cooperation as a Transmitted Cultural Trait [J]. Rationality and Society, 2004, 16 (4): 477-507.

[17] Bjornskov, C. How Does Social Trust Affect Economic Growth? [J]. Southern Economic Journal, 2012, 78 (4): 1346-1368.

[18] Bjornskov, C. Social Trust and the Growth of Schooling [J]. Economics of Education Review, 2009, 28 (2): 249-257.

[19] Bjornskov, C. Determinants of Generalized Trust: A Cross-country Comparison [J]. Public Choice, 2007, 130 (1-2): 1-21.

[20] Bjornskov, C. The Multiple Facets of Social Capital [J]. European Journal of Political Economy, 2006, 22 (1): 22-40.

[21] Bjornskov, C. Social Capital, Political Competition, and Corruption [J]. Aarhus: Aarhus School of Business, Aarhus University, 2004.

[22] Blagojevic, B. Causes of Ethnic Conflict: A Conceptual Framework [J]. Journal of Global Change and Governance, 2009, 3 (1): 1-25.

[23] Bornhorst, F., Ichino, A., Schlag, K. H., et al. Trust and Trustworthiness among Europeans: South-North Comparison [C]. CEPR

Discussion Papers, 2004.

［24］ Boudon, R. The Individualistic Tradition in Sociology［J］. The Micro-macro Link, 1987, 45: 71.

［25］ Buckley, P. J., Casson M. The Future of the Multinational Enterprise in Retrospect and in Prospect［J］. Journal of International Business Studies, 2003: 219-222.

［26］ Butler, J., Giuliano, P., Guiso, L. The Right Amount of Trust［R］. National Bureau of Economic Research, 2009.

［27］ Camerer, C. F. Strategizing in the Brain［C］. Science, 2003, 300 (5626): 1673-1675.

［28］ Cavalli-Sforza, L. L., Menozzi, P., Piazza, A. The History and Geography of Human Genes［M］. Princeton University Press, 1994.

［29］ Cavalli-Sforza, L. L., Edwards, A. W. F. Phylogenetic Analysis. Models and Estimation Procedures［J］. Evolution, 1967 (21): 550-570.

［30］ Coleman, J. S. Foundations of Social Theory［M］. Cambridge: The Belknap Pres of Harvard University Press, MA, USA, 1990.

［31］ Collins, P. H. Black Sexual Politics: African Americans, Gender, and the New Racism［M］. Routledge, 2004.

［32］ Costigan, R. D., Iiter, S. S., Berman, J. J. A Multi-dimensional Study of Trust in Organizations［J］. Journal of Managerial Issues, 1998: 303-317.

［33］ Cox, M. D. Introduction to Faculty Learning Communities［J］. New Directions for Teaching and Learning, 2004, 2004 (97): 5-23.

［34］ Creed, W. E. D., Miles, R. E., Kramer, R. M., et al. Trust in Organizations［J］. Trust in Organizations: Frontiers of Theory and Research, 1996: 16-38.

［35］ Dasgupta, P. Trust as a Commodity［J］. Trust: Making and Breaking Cooperative Relations, 2000 (4): 49-72.

［36］Dearmon, J., Grier, K. Trust and Development［J］. Journal of Economic Behavior & Organization, 2009, 71 (2): 210-220.

［37］De Bruine, L. M. Facial Resemblance Enhances Trust［J］. Proceedings of the Royal Society of London B: Biological Sciences, 2002, 269 (1498): 1307-1312.

［38］Delhey, J., Newton K. Who Trusts: The Origins of Social Trust in Seven Societies［J］. European Societies, 2003, 5 (2): 93-137.

［39］Den Butter, F. A. G., Mosch R. H. J. Trade, Trust and Transaction Costs［J］. Social Science Electronic Publishing, 2003 (3): 82-83.

［40］Deutsch M. Trust and Suspicion［J］. Journal of Conflict Resolution, 1958: 265-279.

［41］Dincer, O. C., Uslaner E. M. Trust and Growth［J］. Public Choice, 2010, 142 (1-2): 59-67.

［42］Dixit, A. K., Stiglitz, J. E. Monopolistic Competition and Optimum Product Diversity［J］. The American Economic Review, 1977, 67 (3): 297-308.

［43］Dodgson, M. Learning, Trust, and Technological Collaboration［J］. Human Relations, 1993, 46 (1): 77-95.

［44］Dohmen, T., Falk, A., Huffman, D., et al. Individual Risk Attitudes: Measurement, Determinants, and Behavioral Consequences［J］. Journal of the European Economic Association, 2011, 9 (3): 522-550.

［45］Doney, P. M, Cannon, J. P., Mullen M. R. Understanding the Influence of National Culture on the Development of Trust［J］. Academy of Management Review, 1998, 23 (3): 601-620.

［46］Doney, P. M., Cannon, J. P. An Examination of the Nature of Trust in Buyer-seller Relationships［J］. The Journal of Marketing, 1997 (61): 35-51.

［47］Driscoll, J. W. Trust and Participation in Organizational Decision

Making as Predictors of Satisfaction [J]. Academy of Management Journal, 1978, 21 (1): 44-56.

[48] Dunn, J. The Concept of Trust in the Politics of John Locke [J]. Philosophy in History: Essays on the Historiography of Philosophy, 1984: 279-301.

[49] Durkheim, E. (Translated by Karen E. Fields). The Elementary Forms of the Religious Life [M]. New York: Free Press, 1959.

[50] Durlauf, S. N., Fafchamps, M. Arcel. Social Capital [C]. Handbook of Economic Growth, 2005: 26.

[51] Dyer, J. H., Chu, W. The Role of Trustworthiness in Reducing Transaction Costs and Improving Performance: Empirical Evidence from the United States, Japan, and Korea [J]. Organization Science, 2003, 14 (1): 57-68.

[52] Eek, D., Rothstein, B. Exploring a Causal Relationship between Vertical and Horizontal Trust [C]. Qog Working Papre, 2005.

[53] Fafchamps, M. Social Capital and Development [C]. University of Oxford, Department of Economics, Discussion Paper Series No. 214, 2004.

[54] Felbermayr, G. J., Kohler W. V. Exploring the Intensive and Extensive Margins of World Trade [J]. Review of Word Economics, 2006, 142 (4): 642-674.

[55] Freitag, M., Bühlmann, M. Crafting Trust the Role of Political Institutions in a Comparative Perspective [J]. Comparative Political Studies, 2009, 42 (12): 1537-1566.

[56] Fukuyama, F. Trust: The Social Virtues and the Creation of Prosperity [M]. New York: Free Press, 1995.

[57] Gambetta, D. Can We Trust Trust [J]. Trust: Making and Breaking Cooperative Relations, 2000 (13): 213-237.

[58] Gambetta, D. Trust: Making and Breaking Cooperative Relations

[M]. Blackwell Publish, 1990.

[59] Gibson, C. B., Zellmer-Bruhn, M. E. Metaphors and Meaning: An Intercultural Analysis of the Concept of Teamwork [J]. Administrative Science Quarterly, 2001, 46 (2): 274-303.

[60] Giddens, A. Central Problems in Social Theory: Action, Structure, and Contradiction in Social Analysis [M]. University of California Press, 1979.

[61] Glaeser, E. L., Laibson, D. I., Scheinkman, J. A., et al. Measuring Trust [J]. Quarterly Journal of Economics, 2000: 811-846.

[62] González-José, R., Van der Molen, S., González-Pérez, E., et al. Patterns of Phenotypic Covariation and Correlation in Modern Humans as Viewed from Morphological Integration [J]. American Journal of Physical Anthropology, 2004, 123 (1): 69-77.

[63] Granovetter, M. Network Sampling: Some First Steps [J]. American Journal of Sociology, 1976: 1287-1303.

[64] Grayson, K., Johnson, D., Chen, D. F. R. Is Firm Trust Essential in a Trusted Environment? How Trust in the Business Context Influences Customers [J]. Journal of Marketing Research, 2008, 45 (2): 241-256.

[65] Greif A. Contract Enforceability and Economic Institutions in Early Trade: The Maghribi Traders' Coalition [J]. The American Economic Review, 1993: 525-548.

[66] Greif, A. Reputation and Coalitions in Medieval Trade: Evidence on the Maghribi Traders [J]. The Journal of Economic History, 1989, 49 (4): 857-882.

[67] Guiso, L., Sapienza, P., Zingales, L. Does local Financial Development Matter? [J]. The Quarterly Journal of Economics, 2004, 119 (3): 929-969.

[68] Guiso, L., Sapienza, P., Zingales, L. Long Term Persistence [R]. National Bureau of Economic Research, 2008a.

参考文献

［69］Guiso L., Sapienza P., Zingales L. Trusting the Stock Market ［J］. The Journal of Finance, 2008b, 63（6）: 2557-2600.

［70］Guiso, L., Sapienza, P., Zingales, L. Cultural Biases in Economic Exchange ［R］. National Bureau of Economic Research, 2004.

［71］Gulati, R. Social Structure and Alliance Formation Patterns: A Longitudinal Analysis ［J］. Administrative Science Quarterly, 1995a: 619-652.

［72］Gulati, R. Does Familiarity Breed Trust? The Implications of Repeated Ties for Contractual Choice in Alliances ［J］. Academy of Management Journal, 1995b, 38（1）: 85-112.

［73］Håkansson, H., Johanson J. Formal and Informal Cooperation Strategies in International Industrial Networks ［M］. Lexington, MA: Lexington Books, 1988.

［74］Handfield, R. B., Bechtel, C. The Role of Trust and Relationship Structure in Improving Supply Chain Responsiveness ［J］. Industrial Marketing Management, 2002, 31（4）: 367-382.

［75］Hardin, R. Trust and Trustworthiness ［M］. Russell Sage Foundation, 2002.

［76］Hardin, R. Trust in Government ［M］. New York: Russell Sage Foundation, 1998.

［77］Hardin, R. The Street-level Epistemology of Trust ［J］. Analyse & Kritik, 1992, 14（2）: 152-176.

［78］Heckman, J. J. Statistical Models for Discrete Panel Data ［M］. Department of Economics and Graduate School of Business, University of Chicago, 1979.

［79］Hill, C. W. L. Cooperation, Opportunism, and the Invisible Hand: Implications for Transaction Cost Theory ［J］. Academy of Management Review, 1990, 15（3）: 500-513.

［80］Hofstede, G., Hofstede, G. J., Minkov M. Cultures and Organizations, Software of the Mind. Intercultural Cooperation and Its Importance for Survival [M]. Mc Graw Hill Company, 2010.

[81] Hofstede, G., Hofstede, G. J., Minkov M. Cultures and Organizations: Software of the Mind [M]. London: McGraw-Hill, 1991.

[82] Hölmstrom, B. Moral Hazard and Observability [J]. The Bell Journal of Economics, 1979: 74-91.

[83] Hosmer, L. T. Trust: The Connecting Link between Organizational Theory and Philosophical Ethics [J]. Academy of Management Review, 1995, 20 (2): 379-403.

[84] Hummels, D., Klenow, P. J. The Variety and Quality of a Nation's Exports [J]. The American Economic Review, 2005, 95 (3): 704-723.

[85] Hurley, R. F. The Decision to Trust [J]. Harvard Business Review, 2006, 84 (9): 55-62.

[86] Johnston, J. M., Pennypacker, H. S., Green G. Strategies and Tactics of Behavioral Research [M]. Routledge, 2010.

[87] Kaufman, S. J. Spiraling to Ethnic War: Elites, Masses, and Moscow in Moldova's Civil War [J]. International Security, 1996, 21 (2): 108-138.

[88] Keefer, P., Knack S. Social Capital, Social Norms and the New Institutional Economics [J]. MPRA Paper, 2004: 701-725.

[89] Khan, M. A. On Trust as a Commodity and on the Grammar of Trust [J]. Journal of Banking & Finance, 2002, 26 (9): 1719-1766.

[90] Klein, B., Crawford, R. G., Alchian, A. A. Vertical Integration, Appropriable Rents, and the Competitive Contracting Process [J]. The Journal of Law & Economics, 1978, 21 (2): 297-326.

[91] Knack, S., Zak, P. J. Building Trust: Public Policy, Interpersonal Trust, and Economic Development [J]. Supreme Court Economic

Review, 2003 (10): 91-107.

[92] Knack, S. Social Capital and the Quality of Government: Evidence from the States [J]. American Journal of Political Science, 2002: 772-785.

[93] Knack, S., Keefer, P. Does Social Capital Have an Economic Payoff? A Cross-country Investigation [J]. The Quarterly Journal of Economics, 1997: 1251-1288.

[94] Krugman, P. Scale Economies, Product Differentiation, and the Pattern of Trade [J]. The American Economic Review, 1980, 70 (5): 950-959.

[95] Lado, A. A., Dant, R. R., Tekleab, A. G. Trust - Opportunism Paradox, Relationalism, and Performance in Interfirm Relationships: Evidence from the Retail Industry [J]. Strategic Management Journal, 2008, 29 (4): 401-423.

[96] Larsen, C. A., Dejgaard, T. E. The Institutional Logic of Images of the Poor and Welfare Recipients: A Comparative Study of British, Swedish and Danish Newspapers [J]. Journal of European Social Policy, 2013, 23 (3): 287-299.

[97] Lederman, D., Loayza, N., Menendez, A. M. Violent Crime: Does Social Capital Matter? [J]. Economic Development and Cultural Change, 2002, 50 (3): 509-539.

[98] Leigh, A. Trust, Inequality and Ethnic Heterogeneity [J]. Economic Record, 2006, 82 (258): 268-280.

[99] Levi, M. A State of Trust [J]. Trust and Governance, 1998 (1): 77-101.

[100] Lewis, J. D., Weigert, A. Trust as a Social Reality [J]. Social Forces, 1985, 63 (4): 967-985.

[101] Lubman, S. B. Bird in a Cage: Legal Reform in China after Mao [M]. Stanford University Press, 1999.

[102] Luo, J. D. Particularistic Trust and General Trust: A Network

Analysis in Chinese Organizations [J]. Management and Organization Review, 2005, 1 (3): 437-458.

[103] Mayer, R. C., Davis, J. H., Schoorman, F. D. An Integrative Model of Organizational Trust [J]. Academy of Management Review, 1995, 20 (3): 709-734.

[104] McKnight, D. H., Cummings, L. L., Chervany N. L. Initial Trust Formation in New Organizational Relationships [J]. Academy of Management Review, 1998, 23 (3): 473-490.

[105] McPherson, M., Smith-Lovin, L., Cook, J. M. Birds of a Feather: Homophily in Social Networks [J]. Annual Review of Sociology, 2001: 415-444.

[106] Melitz, M. J. The Impact of Trade on Intra-Industry Reallocations and Aggregate Industry Productivity [J]. Econometrica, 2003, 71 (6): 1695-1725.

[107] Milgrom, P. R., North, D. C. The Role of Institutions in the Revival of Trade: The Law Merchant, Private Judges, and the Champagne Fairs [J]. Economics & Politics, 1990, 2 (1): 1-23.

[108] Moorman, C., Deshpande, R., Zaltman G. Factors Affecting Trust in Market Research Relationships [J]. The Journal of Marketing, 1993: 81-101.

[109] Moorman, C., Zaltman, G., Deshpande, R. Relationships between Providers and Users of Market Research: The Dynamics of Trust within and between Organizations [J]. Journal of Marketing Research, 1992, 29 (3): 314.

[110] Morgan, R. M., Hunt, S. D. The Commitment-trust Theory of Relationship Marketing [J]. The Journal of Marketing, 1994: 20-38.

[111] Nahapiet, J., Ghoshal, S. Social Capital, Intellectual Capital, and the Organizational Advantage [J]. Academy of Management Review,

1998, 23 (2): 242-266.

[112] Nei, M., Chesser, R. K. Estimation of Fixation Indices and Gene Diversities [J]. Annals of Human Genetics, 1983, 47 (3): 253-259.

[113] Nei, M. Estimation of Average Heterozygosity and Genetic Distance from a Small Number of Individuals [J]. Genetics, 1978, 89 (3): 583-590.

[114] Nei, M. Genetic Distance between Populations [J]. American Naturalist, 1972: 283-292.

[115] Newton, K., Norris, P. Confidence in Public Institutions: Faith, Culture, Orperformance? [M]. What's Troubling the Trilateral Countries? chapter 8, Princeton University Press, 2000.

[116] Newton, K. Social and Political Trust in Established Democracies [J]. Critical Citizens: Global Support for Democratic Government, 1999: 169.

[117] Nguyen, Q., Bernauer, T. Does Social Trust Increase Support for Free Trade? Evidence from a Field Survey Experiment in Vietnam [J]. World Trade Institute Working Paper, 2014, 13.

[118] Nohria, N., Gulati R. Firms and Their Environments [M]. Division of Research, Harvard Business School, 1993.

[119] Nooteboom, B. Trust: Forms, Foundations, Functions, Failures and Figures [M]. Edward Elgar Publishing, 2002.

[120] North, D. C. Institutions, Institutional Change and Economic Performance [M]. Cambridge University Press, 1990.

[121] Nunn, N., Wantchekon, L. The Slave Trade and the Origins of Mistrust in Africa [J]. The American Economic Review, 2011, 101 (7): 3221-3252.

[122] Offe, C., Fuchs, S. A Decline of Social Capital? The German Case [M]. Democracies in Flux, 2002.

[123] Porta, R. L., Lopez-de-Silane, F. The Benefits of Privatization: Evidence from Mexico [R]. National Bureau of Economic Research, 1997.

[124] Porta, R., Lopez de Silanes, F., Shleifer, A., et al. Legal Determinants of External Finance [J]. The Journal of Finance, 1997, 52 (3): 1131-1150.

[125] Putnam, R. D. Bowling Alone: America's Declining Social Capital [M]. New York: Palgrave Macmillan, 2000.

[126] Putnam, R. D. The Prosperous Community [J]. The American Prospect, 1993, 4 (13): 35-42.

[127] Rao, A. N., Pearce, J. L., Xin K. Governments, Reciprocal Exchange and Trust among Business Associates [J]. Journal of International Business Studies, 2005, 36 (1): 104-118.

[128] Rappaport, J. Community Psychology: Values, Research, and Action [M]. Harcourt School, 1977.

[129] Rauch, J. E. Networks Versus Markets in International Trade [J]. Journal of International Economics, 1999, 48 (1): 7-35.

[130] Ring, P. S., Van de Ven A. H. Structuring Cooperative Relationships between Organizations [J]. Strategic Management Journal, 1992, 13 (7): 483-498.

[131] Roberts, M. J., Tybout, J. R. What Makes Exports Boom? [M]. World Bank Publications, 1997.

[132] Roberts, M., Sullivan, T., Tybout, J. R. Micro-foundations of Export Booms [J]. World Bank Mimeo, 1995.

[133] Rohner, D., Thoenig, M., Zilibotti, F. Seeds of Distrust: Conflict in Uganda [J]. Journal of Economic Growth, 2013, 18 (3): 217-252.

[134] Rotter, J. B. A New Scale for the Measurement of Interpersonal Trust [J]. Journal of Personality, 1967, 35 (4): 651-665.

[135] Rousseau, D. M, Sitkin S. B., Burt R. S., et al. Not So Different After All: A Cross-discipline View of Trust [J]. Academy of Management Review, 1998, 23 (3): 393-404.

[136] Sabel, C. F. Studied Trust: Building New Forms of Cooperation in a Volatile Economy [J]. Human Relations, 1993, 46 (9): 1133-1170.

[137] Sako, M. Price, Quality and Trust: Inter-Firm Relations in Britain and Japan [M]. Cambridge University Press, 1992.

[138] Sako, M. The Role of Trust in Japanese Buyer-supplier Relationships [J]. Ricerche Economiche, 1991, 45 (2-3): 449-474.

[139] Saparito, P. A., Chen, C. C., Sapienza H. J. The Role of Relational Trust in Bank-small Firm Relationships [J]. Academy of Management Journal, 2004, 47 (3): 400-410.

[140] Schoppa, L. J. The Social Context in Coercive International Bargaining [J]. International Organization, 1999, 53 (2): 307-342.

[141] Seligman, A. B. The Problem of Trust [M]. Princeton University Press, 1997.

[142] Shapiro, S. P. The Social Control of Impersonal Trust [J]. American Journal of Sociology, 1987: 623-658.

[143] Shklar, J. N. Ordinary Vices [M]. Harvard University Press, 1984.

[144] Smith, A. The Theory of Moral Sentiments [M]. Penguin, 2010.

[145] Sosis, R. Does Religion Promote Trust? The Role of Signaling, Reputation, and Punishment [J]. Interdisciplinary Journal of Research on Religion, 2005, 1.

[146] Spilker, G., Schaffer, L., Bernauer T. Does Social Capital Increase Public Support for Economic Globalisation? [J]. European Journal of Political Research, 2012, 51 (6): 756-784.

[147] Spolaore, E., Wacziarg, R. War and Relatedness [J]. Review of Economics and Statistics, 2009.

[148] Spring, E., Grossmann, V. Does Bilateral Trust across Countries Really Affect International Trade and Factor Mobility? [J]. Empirical Economics, 2016, 50 (1): 103-136.

[149] Staub, E. Predicting Prosocial Behavior: A Model for Specifying the Nature of Personality-situation Interaction [M]. Perspectives in Interactional Psychology, Springer US, 1978: 87-110.

[150] Stolle, D. Trusting Strangers-the Concept of Generalized Trust in Perspective [J]. Austrian Journal of Political Science, 2002, 31 (4): 397-412.

[151] Sullivan, J., Peterson, R. B., Kameda, N., et al. The Relationship between Conflict Resolution Approaches and Trust—A Cross Cultural Study [J]. Academy of Management Journal, 1981, 24 (4): 803-815.

[152] Swinth, R. L. The Establishment of the Trust Relationship [J]. Journal of Conflict Resolution, 1967: 335-344.

[153] Tabellini, G. Presidential Address Institutions and Culture [J]. Journal of the European Economic Association, 2008, 6 (2-3): 255-294.

[154] Takezaki, N., Nei M. Genetic Distances and Reconstruction of Phylogenetic Trees from Microsatellite DNA [J]. Genetics, 1996, 144 (1): 389-399.

[155] Temple, J., Johnson, P. A. Social Cpability and Economic Growth [J]. Quarterly Journal of Economics, 1998: 965-990.

[156] Tjosvold, D., K. Leung, D. W. Johnson. Cooperative and Competitive Conflict in China [J]. Social Sciences Collection, 2007 (7): 195-204.

[157] Turner, J. C., Hogg, M. A., Oakes P. J., et al. Rediscovering the Social Group: A Self-categorization Theory [M]. Basil Blackwell, 1987.

[158] Uslaner, E. M. Trust as a Moral Value [J]. The Handbook of Social Capital, 2008: 101-121.

[159] Uslaner, E. M. The Moral Foundations of Trust [M]. Cambridge University Press, 2002.

［160］Weber, M. The Theory of Social and Economic Organization Max Weber. The Theory of Social and Economic Organization［M］. Free Press, 1997.

［161］Williamson, O. E. Calculativeness, Trust, and Economic Organization［J］. The Journal of Law & Economics, 1993, 36（1）: 453-486.

［162］Williamson, O. E. The Economic Intstitutions of Capitalism［M］. Simon and Schuster, 1985.

［163］Zaheer, A., McEvily, B., Perrone, V. Does Trust Matter? Exploring the Effects of Interorganizational and Interpersonal Trust on Performance［J］. Organization Science, 1998, 9（2）: 141-159.

［164］Zak, P. J., Knack, S. Trust and Growth［J］. The Economic Journal, 2001, 111（470）: 295-321.

［165］Zelmer, J. Linear Public Goods Experiments: A Meta-analysis［J］. Experimental Economics, 2003, 6（3）: 299-310.

［166］Zucker, L. G. Production of Trust: Institutional Sources of Economic Structure, 1840-1920［J］. Research in Organizational Behavior, 1986.

［167］Zucker, L. G. The Role of Institutionalization in Cultural Persistence［J］. American Sociological Review, 1977: 726-743.

［168］陈叶烽, 叶航, 汪丁丁. 信任水平的测度及其对合作的影响——来自一组实验微观数据的证据［J］. 管理世界, 2010（4）: 54-64.

［169］陈叶烽. 亲社会性行为及其社会偏好的分解［J］. 经济研究, 2009（12）: 131-144.

［170］戴觅, 余淼杰, Madhura Maitra. 中国出口企业生产率之谜: 加工贸易的作用［J］. 经济学（季刊）, 2014（2）: 675-698.

［171］黄健, 邓燕华. 高等教育与社会信任: 基于中英调查数据的研究［J］. 中国社会科学, 2012（11）: 98, 111, 205, 206.

［172］黄新飞, 关楠, 翟爱梅. 遗传距离对跨国收入差距的影响研究: 理论和中国的实证分析［J］. 经济学（季刊）, 2014（3）: 1127-1146.

[173] 李彬,周战强. 基于信任视角的文化与经济研究——首届"文化与经济论坛"综述[J]. 经济研究, 2015 (8): 180-183.

[174] 李春顶. 中国出口企业是否存在"生产率悖论": 基于中国制造业企业数据的检验[J]. 世界经济, 2010 (7): 64-81.

[175] 李春顶,尹翔硕. 我国出口企业的"生产率悖论"及其解释[J]. 财贸经济, 2009 (11): 84-90.

[176] 李涛,黄纯纯,何兴强等. 什么影响了居民的信任水平?——来自广东省的经验证据[J]. 经济研究, 2008 (1): 137-152.

[177] 刘慧,綦建红. 我国文化产品出口增长的二元边际分解及其影响因素[J]. 国际经贸探索, 2014 (6): 28-43.

[178] 刘杨,曲如晓,曾燕萍. 哪些关键因素影响了文化产品贸易——来自OECD国家的经验证据[J]. 国际贸易问题, 2013 (11): 72-81.

[179] 罗长远,季心宇. 融资约束下的企业出口和研发:"鱼"与"熊掌"不可得兼?[J]. 金融研究, 2015 (9): 140-158.

[180] 马得勇. 信任、信任的起源与信任的变迁[J]. 开放时代, 2008 (4): 72-86.

[181] 聂辉华,江艇,杨汝岱. 中国工业企业数据库的使用现状和潜在问题[J]. 世界经济, 2012 (5): 142-158.

[182] 曲如晓,曾燕萍. 孔子学院对中国文化产品出口的影响[J]. 经济与管理研究, 2016 (9): 69-76.

[183] 曲如晓,曾燕萍. 文化多样性影响中国文化产品贸易的实证研究——基于面板VAR模型的分析[J]. 首都师范大学学报(社会科学版), 2015 (4): 57-65.

[184] 申萌,曾燕萍,曲如晓. 环境规制与企业出口:来自千家企业节能行动的微观证据[J]. 国际贸易问题, 2015 (8): 43-50.

[185] 施炳展. 补贴对中国企业出口行为的影响——基于配对倍差法的经验分析[J]. 财经研究, 2012 (5): 70-80.

[186] 田巍,余淼杰. 企业出口强度与进口中间品贸易自由化:来

自中国企业的实证研究［J］. 管理世界，2013（1）：28-44.

［187］汪汇，陈钊，陆铭. 户籍、社会分割与信任：来自上海的经验研究［J］. 世界经济，2009（10）：81-96.

［188］王日华. 中国传统的国家间信任思想及其启示［J］. 世界经济与政治，2011（3）：100-121.

［189］王永进，盛丹. 信任水平与出口比较优势——基于IVTSLS和PSM方法的实证研究［J］. 国际贸易问题，2010（10）：64.

［190］于洪霞，龚六堂，陈玉宇. 出口固定成本融资约束与企业出口行为［J］. 经济研究，2011（4）：55-67.

［191］曾燕萍. 文化多样性测度及其影响中国文化产品贸易的实证研究［D］. 北京师范大学硕士学位论文，2014.

［192］张维迎，柯荣住. 信任及其解释：来自中国的跨省调查分析［J］. 经济研究，2002（10）：59-70.

［193］赵家章，池建宇. 信任、正式制度与中国对外贸易发展——来自全球65个国家的证据［J］. 中国软科学，2014（1）：43-54.

后　记

本书是在我的博士学位论文《信任影响中国企业出口的实证研究》（北京师范大学，2017年6月）的基础上修改而成的。由于是修改，原稿的基本框架、研究思路和基本结论很难有大的变动。即使如此，在入职国际关系学院以后，依托国际关系学院中央高校基本科研项目"社会信任对中国企业出口行为选择的影响"对原稿进行了丰富，最终以本书呈现在读者面前。

我从读硕士阶段开始关注文化经济学领域，其间陆续发表了多篇相关论文。读博士阶段，在导师的引导下开始对信任与贸易进行比较系统的研究。信任是经济社会得以高效运行的基础，正如诺贝尔经济学奖获得者尼斯·阿罗所言："每笔商业交易都包含有信任的成分，信任是经济交易的润滑剂和有效的商业规制。"在国际贸易领域，良好的信任能够消除各国间存在的误解、矛盾和冲突，有效降低国际贸易过程中的各项成本，有助于加强和紧密国家间经贸关系，为进出口贸易双方创造更多的合作机会。

当前，中国对外贸易正处于国内外经济形势和格局大调整时期。国内生产要素成本上升、资源环境约束加大、人民币升值压力加剧、外贸优惠政策收紧，国外贸易保护主义持续增强，贸易摩擦增多，不信任情绪日益加强。在此背景下，"信任、合作和自由贸易"已成为中国在深化对外开放进程中的重要主题。对此，本书基于中国工业企业和海关贸易的微观数据，从社会信任和双边信任视角出发，利用理论推导和实证检验方法对信任对中国企业出口的影响及其作用机制进行了系统探讨。

后　记

　　本书是自我读研究生以来在文化经济学领域的成果，虽几经修改和完善，但仍有诸多不足与疏漏之处，敬请各位读者和同行批评指正。

　　最后，在此对本书出版过程中指导、帮助过我的师长、朋友表示由衷的谢意！感谢我的博士生导师曲如晓教授，是曲老师指导我确定了本书的原稿选题和研究框架；感谢国际关系学院及国际经济系羌建新教授对本书出版给予的大力支持和建设性意见；感谢经济管理出版社任爱清女士对本书出版的策划和编辑；感谢我的父母和爱人，他们的爱为我专心致志从事教学科研工作提供无限动力，是我幸福生活的源泉。